对外汉语本科系列

语言技能类 一年级教材

汉语听力教程 修订本

HANYU TINGLI JIAOCHENG

第二册

胡波 杨雪梅 编著

北京语言大学出版社
BEIJING LANGUAGE AND CULTURE
UNIVERSITY PRESS

图书在版编目（CIP）数据

汉语听力教程．第 2 册/胡波，杨雪梅编著．—2 版（修订本）．—北京：北京语言大学出版社，2012重印

（对外汉语本科系列教材）

附《学习参考》

ISBN 978 - 7 - 5619 - 2536 - 2

Ⅰ．汉…　Ⅱ．①胡…②杨…　Ⅲ．汉语 - 听说教学 - 对外汉语教学 - 教材　Ⅳ．H195.4

中国版本图书馆 CIP 数据核字（2009）第 218165 号

书　　名：汉语听力教程　修订本　第二册
中文编辑：周婉梅　　　**英文编辑：**侯晓娟
版式设计：张　娜
责任印制：姜正周

出版发行：北京语言大学出版社

社　　址：北京市海淀区学院路 15 号　邮政编码：100083
网　　址：www. blcup. com
电　　话：发行部　82303650/3591/3648
　　　　　编辑部　82303647
　　　　　读者服务部　82303653/3908
　　　　　网上订购电话　82303668
　　　　　客户服务信箱　service@ blcup. net
印　　刷：北京联兴盛业印刷股份有限公司
经　　销：全国新华书店

版　　次：2010 年 1 月第 2 版　　2012 年 7 月第 6 次印刷
开　　本：787 毫米 × 1092 毫米　1/16　印张：8.75/10
字　　数：277 千字
书　　号：ISBN 978 - 7 - 5619 - 2536 - 2/H · 09260
定　　价：58.00 元（含课本、《学习参考》及 MP3）

凡有印装质量问题，本社负责调换。电话：82303590

本教程是为配合"对外汉语本科系列教材（一年级教材）"的《汉语教程》编写的，是《汉语教程》的配套教材，也可作为初级听力训练教材单独使用。本教程适合初学汉语者使用。全套听力教程共三册，每册由听力课本和《学习参考》构成。听力课本供学生听录音做练习时使用，《学习参考》供学生听后参考及教师使用。

《汉语听力教程》自1999年出版以来，陆续被国内外许多院校选用。本次修订，我们根据教学实际需要，并参考修订后的HSK听力测试样本，对原听力教程进行了较大的修改，引进了一些新题型。

对教学内容进行了调整。适当减少了课堂练习的内容，增加了课外练习。

在原有的练习形式上又增加了功能性的练习。原书语音部分的练习形式有声韵母练习、声调练习、语音语调练习等，听力理解部分的练习形式有听后回答问题、听后选择正确答案、听后判断正误、听后填空、听后复述等。为改变听力课堂的沉闷气氛，提高课上学生主动参与的积极性，本次修订在原有的练习形式基础上增加了一些主观题型，如根据句重音提问、听后选择合适的回答、听下列句子并快速提问、边听边填表并根据表中内容对话等功能性的练习项目。

修订本《汉语听力教程》是在《汉语教程》2006年修订本的基础上编写的。我们在语法项目选择和安排、生词的选用等方面都作出了相应调整，尤其是对听力练习中的生词量进行了比较严格的控制，所有录音文本基本上使用《汉语教程》中出现的词语编写。

在《学习参考》里我们还为大多数拼音练习加上了汉字，便于有这方面需求的学生自主学习。

参照《汉语教程》，我们精简了课数，第一册30课，第二册20课，第三册30课。第一册侧重语音语调训练和汉语基础语法理解训练，第二册侧重语段和语义的理解训练，第三册在语段和语义理解训练的基础上，强化了语用理解训练，而且在听力材料中引入了大量中国文化元素。

《汉语听力教程（修订本）》第二册教学建议：

与第一册相比，第二册的训练重心转移到了听力理解上。在保留第一册听力理解题型的基础上，又增加了一些训练联想猜测能力和概括能力的题型，另外还增加了一些学生自主学习的内容，例如，第十课课外练习2找一个中国朋友，问问他是不是常常去书店，他是否喜欢看书，喜欢看什么书，下次课在课堂上说一说。这类自主练习，主要集中在课外练习中。增加自主学习内容的目的是为了训练学生的汉语交际能力。学习语言的最终目的是为了用它去做事，所以仅仅能听懂课堂里的内容是远远不够的，为此我们借助这样的练习鼓励学生走进社会，去接触中国人，去体验活生生的汉语。

这册教材的一些练习是为配合听力技能训练而编写的，除了联想猜测、听后口头表达和书面表达的练习外，还有些练习虽然没有明确标出训练目的，但也具有技能训练的意义。教师在备课时，应该仔细阅读，结合听看、听说、听写的训练方法，进行有目的的技能训练。

第二册的教学内容几乎比第一册增加了一倍，因此建议授课学时为每课2学时。

在教学方法上，凡是与第一册相同的题型，教学方法没有变化，这里仅对新增加的题型作一些说明：

1. "注意句中的停顿，并说出你对句子的理解"类

句中停顿与句重音一样，有区别语义的色彩，教师可以通过这项练习使学生建立起听辨句中停顿的意识，并给予学生充分的机会来表达自己对句子意思的理解。

2. "联想猜测练习：听后说出句子的大概意思"类

练习里句子中的生词是作者有意埋伏的，目的就是训练学生在有生词的情况下理解大意的能力。另外，做这个练习时，教师要鼓励学生大胆地猜测，大胆地说，要把这个过程作为听说结合的训练来对待。

3. 自主学习练习。

教师要严格检查，不能流于形式或是敷衍了事。不过如果学生多的话，在有限的课上时间里，不可能检查每个学生完成作业的情况，可以采取大家轮流的办法，每堂课上安排几名学生汇报。

本书由胡波、杨雪梅共同完成。承担的工作量分别是：第一课～第八课由杨雪梅完成；第九课～第二十课由胡波完成。

编　者

2009 年 12 月

Contents 目 录

第 一 课 一、听力理解练习 比较句（一）："比"字句　数量补语

对话：晚会　短文：在哪儿买房合适 （1）

二、语音语调练习 声调练习　重音练习 （5）
课外练习 短文(一)：抽烟情况调查

短文(二)：每天只抽一支烟 （6）

第 二 课 一、听力理解练习 比较句(二)：跟……一样/不一样

不但……而且……

对话（一）：谈天气

对话（二）：介绍女朋友 （7）

二、语音语调练习 声调练习　重音练习 （11）
课外练习 短文(一)：中国女性的一天

短文(二)：一个妈妈 （12）

第 三 课 一、听力理解练习 变化的表达：语气助词"了"

动作即将发生

对话（一）：买鸡蛋

对话（二）：他去哪儿了 （13）

二、语音语调练习 声调练习　重音练习 （17）
课外练习 短文(一)：天气预报

短文(二)：晚饭吃什么 （18）

第 四 课 一、听力理解练习 简单趋向补语

短文(一)：买笔

短文(二)：老教授 （19）

二、语音语调练习 声调练习　重音练习 （23）
课外练习 短文(一)：用面条换的

短文(二)：什么时间做什么 （24）

I

第 五 课　一、听力理解练习　经历和经验的表达：动词＋过

动作行为进行的数量：动量补语

对话(一)：请你来我家吃饭

对话(二)：打算去哪儿　(25)

二、语音语调练习　声调练习　重音练习　(29)

课外练习　短文(一)：吃药

短文(二)：音乐会　(30)

第 六 课　一、听力理解练习　是……的　一……就……

短文(一)：我的家

短文(二)：我家四口人　(31)

二、语音语调练习　声调练习　重音练习　(35)

课外练习　短文(一)：两个原因

短文(二)：一位"老人"　(36)

第 七 课　一、听力理解练习　结果补语：在、着、好、成、给、到、

错、完

短文(一)：邻居

短文(二)：一张照片　(37)

二、语音语调练习　声调练习　重音练习　(41)

课外练习　短文(一)：要用一样的时间

短文(二)：妈妈去哪儿了　(42)

第 八 课　一、听力理解练习　被动意义的表达：被动句

对话：那个人是谁

短文：妈，我做早饭吧　(43)

二、语音语调练习　声调练习　重音练习　(47)

课外练习　短文(一)：妻子丢了

短文(二)：自行车和汽车　(48)

第 九 课　一、听力理解练习　复合趋向补语

短文（一）：自救的台阶

短文（二）：日本人？中国人？　(49)

二、语音语调练习　声调练习　重音练习　(53)

课外练习　短文：国名的来历　(54)

第 十 课	一、听力理解练习	动作或状态的持续	
		对话：好心不一定有好报	
		短文：大树的爱情	(56)
	二、语音语调练习	声调练习	(60)
	课外练习		(60)
第十一课	一、听力理解练习	存现句　越……越……	
		对话：儿子的初恋	
		短文：旅游广告三则	(62)
	二、语音语调练习	声调练习　重音练习	(66)
	课外练习	短文（一）：猫头鹰也需要文化	
		短文（二）：精神科医师	(67)
第十二课	一、听力理解练习	“把”字句（1）	
		短文（一）：家访	
		短文（二）：害怕你的“热吻”	
		短文（三）：用筷子的好处	(68)
	二、语音语调练习	声调练习　句子停顿练习	(72)
	课外练习	短文（一）：领带的问题	
		短文（二）：加班准备	(73)
第十三课	一、听力理解练习	“把”字句（2）	
		对话：父母谈孩子的培养	
		短文：礼物	(74)
	二、语音语调练习	声调练习　句子停顿练习	(77)
	课外练习		(78)
第十四课	一、听力理解练习	“被”字句	
		对话：找钥匙	
		短文：七叔与电脑	(79)
	二、语音语调练习	声调练习　句子停顿练习	(83)
	课外练习	短文：哪一边是头	(85)
第十五课	一、听力理解练习	可能补语（1）	
		对话：冰冻书	
		短文：动物会说话	(86)
	二、语音语调练习	声调练习	(90)
	三、联想猜测练习		(90)
	课外练习	短文：北京的四季	(91)

第 十 六 课　一、听力理解练习　可能补语（2）

对话：子女与老人

短文：重新"烹调"生活　　　　　　　　　（92）

二、语音语调练习　前鼻音、后鼻音练习　　　　　　　（96）

三、联想猜测练习　　　　　　　　　　　　　　　（97）

课外练习　　　　短文：早餐的特殊功能　　　　　　　（97）

第 十 七 课　一、听力理解练习　趋向补语的引申用法

短文（一）：不惑之年

短文（二）：西街故事　　　　　　　　　（99）

二、语音语调练习　声调练习　　　　　　　　　　　（104）

课外练习　　　　填歌词：《老鼠爱大米》　　　　　　（104）

第 十 八 课　一、听力理解练习　疑问代词的活用

对话：用筷子

短文：学游泳　　　　　　　　　　　　　（105）

二、语音语调练习　声调练习　　　　　　　　　　　（109）

三、联想猜测练习　　　　　　　　　　　　　　　（110）

课外练习　　　　短文：怎么能让买火车票更方便　　　（110）

第 十 九 课　一、听力理解练习　无主关联词　状态补语

对话：买房比买汽车难

短文（一）：韭菜两毛钱一斤

短文（二）：照样过得很好　　　　　　　（111）

二、语音语调练习　近似声母练习　　　　　　　　　（115）

三、联想猜测练习　　　　　　　　　　　　　　　（116）

课外练习　　　　短文：他们都乐了　　　　　　　　（116）

第 二 十 课　一、听力理解练习　反问句

短文（一）：甜蜜的谎言

短文（二）：数字手表

短文（三）　　　　　　　　　　　　　　（118）

二、语音语调练习　声调练习　　　　　　　　　　　（122）

三、联想猜测练习　　　　　　　　　　　　　　　（122）

课外练习　　　　短文：话该怎么说　　　　　　　　（123）

词汇表　　（125）

第一课 01

一	听力理解练习 Listening comprehension

一 听下列句子，选择正确答案 Listen to the following sentences and choose the correct answers. ················· 0′30″ ▶

1. A. 18 岁
   B. 20 岁
   C. 22 岁
   D. 16 岁

2. A. 8 点 20
   B. 7 点 20
   C. 7 点 40
   D. 8 点

3. A. 3000 块
   B. 3500 块
   C. 2500 块
   D. 4000 块

4. A. 6 点
   B. 7 点
   C. 8 点
   D. 9 点

5. A. 第五课
   B. 第六课
   C. 第七课
   D. 第八课

6. A. 1400 多万
   B. 1600 多万
   C. 1800 多万
   D. 2000 万

7. A. 半个小时
   B. 一个小时
   C. 一个半小时
   D. 两个小时

8. A. 小王比他小，个子比他矮
   B. 小王比他小，个子比他高
   C. 小王比他大，个子比他矮
   D. 小王比他大，个子比他高

9. A. 20 度

   B. 8 度

   C. 9 度

   D. 10 度

10. A. 王丽的房间比小李的房间
     安静

    B. 小李的房间比王丽的房间
     安静

    C. 王丽的房间比小李的房间
     干净

    D. 小李的房间比王丽的房间
     干净

二 听下列对话，选择正确答案 Listen to the following dialogues and choose the correct answers. ·········· 5′50″ ▶

1. A. 大商场的东西都很贵

   B. 有时候小商店的东西又
    好又便宜

   C. 小商店的东西不一定便
    宜

   D. 小商店的东西不太好

2. A. 写得又快又漂亮

   B. 没有儿子的字写得漂亮

   C. 比儿子的字写得漂亮

   D. 应该再练练

3. A. 两公斤

   B. 22 公斤

   C. 20 公斤

   D. 18 公斤

4. A. 在日本牛肉不太贵

   B. 在日本牛肉很贵

   C. 在北京牛肉也很贵

   D. 在北京牛肉最便宜

5. A. 阅读课的成绩比综合课高

   B. 听力课的成绩比口语课高

   C. 综合课的成绩最高

   D. 口语课的成绩最低

6. A. 坐飞机需要 800 多块钱

   B. 坐火车比坐飞机便宜 800 多
    块钱

   C. 坐火车比坐飞机慢 10 多个
    小时

   D. 坐飞机比坐火车快两个小时

7. A. 1000 名左右

   B. 2000 名左右

   C. 3000 多名

   D. 4000 名左右

8. A. 两点

   B. 七点

   C. 九点

   D. 十一点

9. A. 山田学了半年汉语了
　　B. 玛丽的发音比山田准
　　C. 玛丽学了半年汉语了
　　D. 山田说汉语没有玛丽
　　　说得流利

10. A. 屋里很暖和
　　B. 外边比屋里冷得多
　　C. 屋里跟外边温度差不多
　　D. 屋里都有暖气

三 听对话和短文，做练习 Listen to the following dialogue and short passage, then do the exercises.

对话 Dialogue　　晚 会　12′50″ ▶

生词 **New Words**

1. 酒馆　　jiǔguǎn(r)　（名）　inn
2. 卡拉OK　kǎlā OK　（名）　Karaoke
3. 厅　　　tīng　　　（名）　hall
4. 酒吧　　jiǔbā　　　（名）　bar, inn

1. 根据录音内容回答问题 Answer the questions according to the recording.
　（1）他们明天为什么举行晚会？
　（2）明天的晚会是在家里举行还是在饭店举行？
　（3）在家里举行晚会有什么好处？有什么不好的地方？在饭店呢？
　（4）一些中国人在饭店跟朋友吃饭一般要多长时间？为什么？自己在家里吃饭呢？
　（5）小金他们国家请朋友吃饭的时候一般怎么做？
　（6）明天的晚会几点开始？在什么地方？

2. 说一说你参加的一次晚会的情况 Talk about a party you attended.

短文 **Passage** 在哪儿买房合适

生词 New Words

1. 城里	chénglǐ	（名）	urban area
2. 郊区	jiāoqū	（名）	suburbs
3. 空气	kōngqì	（名）	air

1. 听第一遍录音，判断正误（对的画 √，错的画 ×）Decide whether the following statements are true or false after listening to the recording for the first time（Draw √ for true and × for false）. ·········· 17'4"▶

   （1）"我"最近想租一套房子。   （　　）

   （2）"我"和妻子还没决定买哪儿的房子。   （　　）

   （3）郊区的房子两三千块钱一平米。   （　　）

   （4）"我"妻子想买城里的房子，因为城里的学校好。 （　　）

2. 听第二遍录音，把相关内容用线连接起来 Connect the relevant parts with a line after listening to the recording for the second time. ············ 19'4"▶

                          买东西方便

 在城里买房的话   就没有钱买车了

                          还有钱买一辆汽车

 在郊区买房的话   孩子可以上好学校

                          100 平米的房子，大概 100 万块钱

                          上班方便

                          空气好

3. 根据录音内容回答问题 Answer the questions according to the recording.
··· 21'7"▶

   （1）"我"妻子为什么想在城里买房？

   （2）"我"为什么想在郊区买房？

4. 根据实际情况回答问题 Answer the questions according to the real situation.
··· 21'25"▶

   （1）你家住哪儿？城里还是郊区？

（2）你觉得住哪儿比较好？为什么？

<table>
<tr><td>二</td><td>语音语调练习
Pronunciation and intonation</td><td>─W─</td></tr>
</table>

一 下列句子与你听到的是否一致（一致的画√，不一致的画×）Judge whether the following sentences are the same as what you hear（Draw √ for the same sentences，and × for the different ones）. ·················· 21'50" ▷

1. Zhèxiē shùzì yào zhǔnquè wúwù.   （   ）
2. Jīntiān de kǎoshì shì kǒushì háishi bǐshì?   （   ）
3. Yīnggāi gǎnkuài lǐfǎ.   （   ）
4. Wǒmen yào zhòngshì jīchǔ jiàoyù.   （   ）
5. Xiàmiàn qǐng nín shōukàn 《Jīnrì Xīnwén》. （   ）
6. Tā yǒu yí ge xiǎo yízi.   （   ）
7. Tā xūyào zhuānchē.   （   ）
8. Búyào tuǒxié.   （   ）
9. Tā zài jiāotōng gōngsī gōngzuò.   （   ）
10. Tāmen zhuāng chē le.   （   ）

二 听下列句子并跟读，注意语调并体会句子的意思 Listen and read after the following sentences. Pay attention to the intonation and the meanings of the sentences. ·················· 23'42" ▷

1.   2.

三 根据问句选择正确的答句（注意答句的重音）Choose the correct answers based on the questions.（Pay attention to the sentence stress in the answer.）·················· 25'2" ▷

1. A（   ）   2. A（   ）   3. A（   ）
   B（   ）   B（   ）   B（   ）
   C（   ）   C（   ）   C（   ）

4. A （　　）　　　5. A （　　）
   B （　　）　　　　 B （　　）
   C （　　）　　　　 C （　　）

课外练习 Homework

听下列短文，做练习 Listen to the following short passages and do the exercises.

短文（一） Passage 1　　抽烟情况调查　27′14″ ▷

根据录音内容填出你听到的数字 Fill in the blanks with the correct numbers according to the recording.

（1）　_____岁以上抽烟的人大约有 900 人。

（2）现在开始抽烟的年龄是_____岁。

（3）抽烟的人最多的年龄段是_____岁。

（4）现在抽烟的人平均每天抽_____支烟。

短文（二） Passage 2　　每天只抽一支烟　29′ ▷

根据录音内容回答问题 Answer the following question according to the recording.

老人为什么说"每天抽一支烟太难了"？

Lesson 2

第二课 02

<table>
<tr><td>一</td><td>听力理解练习
Listening comprehension</td></tr>
</table>

一 听下列句子，选择正确答案 Listen to the following sentences and choose the correct answers. ·· 0'10"

1. A. 我们不喜欢，老师喜欢
   B. 我们喜欢，老师不喜欢
   C. 我们和老师都喜欢
   D. 我们和老师都不喜欢

2. A. 生词都很多
   B. 生词都很少
   C. 课文都很长
   D. 课文都很短

3. A. 麦克和玛丽
   B. 麦克
   C. 玛丽
   D. 没有人觉得寂寞

4. A. 中国人写的汉字比麦克写的好
   B. 麦克写的汉字比中国人写的好
   C. 麦克的汉字写得很好
   D. 麦克的汉字写得不太好

5. A. 好吃，但是比较贵
   B. 好吃，而且比较便宜
   C. 不好吃，但是比较便宜
   D. 不好吃，而且比较贵

6. A. 对中国的历史、文化、汉语都不感兴趣
   B. 对中国的历史、文化感兴趣
   C. 对汉语不感兴趣
   D. 对汉语感兴趣

7. A. 大小、颜色一样，肥瘦、价钱不一样
   B. 肥瘦、大小一样，价钱、颜色不一样
   C. 大小、价钱一样，肥瘦、颜色不一样
   D. 价钱、颜色一样，大小、肥瘦不一样

8. A. 新车比以前那辆贵一万多块钱

B. 新车一万多块钱

C. 以前那辆车一万多块钱

D. 以前那辆车不是白色的

9. A. 他们的城市以前很漂亮

B. 他们城市人们穿得漂亮了

C. 他们的城市以前人很多

D. 他们的城市现在没有以前漂亮

10. A. 北京比它早一个小时

B. 气候比北京干燥

C. 有四个季节

D. 季节跟北京不一样

二 听下列对话，选择正确答案 Listen to the following dialogues and choose the correct answers. ·········· 5′37″ ▶

1. A. 比每天上课的时间早一点儿

B. 比每天上课的时间晚一点儿

C. 跟每天上课的时间一样

D. 跟每天上课的时间不一样

2. A. 买好回来的飞机票

B. 买好回来的火车票

C. 买去上海的飞机票

D. 买去上海的火车票

3. A. 老师的孩子跟小芳在一个班学习

B. 小芳的哥哥、姐姐也在北京

C. 小芳在北京生活得不太好

D. 小芳的老师、同学对她很好

4. A. 明天的气温会比今天高

B. 明天的气温跟今天一样

C. 今天有风

D. 明天有风

5. A. 小王昨天看电视剧了

B. 昨天的足球比赛北京队赢了

C. 小王昨天没看足球比赛

D. 小王的姐姐看足球比赛了

6. A. 这两个"打"的意思不一样

B. 这两个"打"的意思一样

C. 他不知道

D. 他不知道说得对不对

7. A. 玛丽的眼睛是黑色的

B. 玛丽的头发是黄色的

C. 玛丽的头发是黑色的

D. 玛丽妈妈的眼睛是蓝色的

8. A. 女的想请假去邮局

B. 女的不能下班以后去

C. 他们的工作时间跟邮局的一样

D. 周末邮局不上班

9. A. 日本同学写汉字不容易错

    B. 日本同学写汉字有时也
       会写错

    C. 中文里的汉字和日语里
       的汉字都不一样

    D. 日语里汉字的意思跟中
       文里的一样

10. A. 他和同屋的生活习惯不一
        样

    B. 他的同屋学习不太好

    C. 他的同屋每天起得太早

    D. 他不喜欢他的同屋

三 听下列对话，做练习 Listen to the following dialogues and do the exercises.

对话（一） Dialogue 1　谈天气

生词　New Word

| 亮 | liàng | （形） | bright |

1. 听第一遍录音，把相关内容用线连接起来 Connect the relevant parts with a line after listening to the recording for the first time. ················· 12′51″ ▶

    | 春天 | | 空气干燥 |
    | 夏天 | | 太短了 |
    | 秋天 | | 白天很短，晚上很长 |
    | 冬天 | | 白天很长，晚上很短 |

2. 听第二遍录音，判断正误 Decide whether the sentences are true or false after listening to the recording for the second time. ······················· 14′18″ ▶

    （1）现在是冬天。   （　　）

    （2）现在七点多还可以在外面打球。   （　　）

    （3）现在早上七点天就亮了。   （　　）

    （4）男的觉得春天比较舒服，气温很合适。   （　　）

3. 根据录音内容，介绍一下春、夏、秋、冬四个季节 Talk about the four seasons in a year according to the recording. ·················· 15′44″ ▶

4. 说一说你们国家的气候 Talk about the climate in your country.
·· 15′55″ ▶

对话(二) Dialogue 2 　介绍女朋友

1. 听第一遍录音，判断正误 Decide whether the following statements are true or false after listening to the recording for the first time. ·············· 16′6″ ▶

 (1) 他们俩在商量给张明介绍女朋友的事。 (　　)

 (2) 张明和小刘都是上海人，小刘的爸爸妈妈现在还在上海。(　　)

 (3) 张明去年刚参加工作，是一家医院的大夫。 (　　)

 (4) 小刘现在还在学校学习。 (　　)

 (5) 张明的字写得很漂亮。 (　'　)

 (6) 小刘的爱好很多，像唱歌、跳舞、打球什么的，她都很喜欢。 (　　)

2. 听第二遍录音，选择正确答案 Choose the correct answers after listening to the recording for the second time. ····························· 18′3″ ▶

 (1) A. 张明 29 岁，小刘 31 岁
　　 B. 张明 29 岁，小刘 27 岁
　　 C. 小刘 29 岁，张明 31 岁
　　 D. 小刘 29 岁，张明 27 岁

 (2) A. 30 多年
　　 B. 20 多年
　　 C. 10 多年
　　 D. 几年

 (3) A. 张明一米八，小刘一米五
　　 B. 张明一米八，小刘一米六
　　 C. 张明一米六，小刘一米八
　　 D. 张明一米六，小刘一米五

 (4) A. 生活习惯
　　 B. 身高
　　 C. 爱好
　　 D. 年龄

3. 根据录音内容，介绍一下张明和小刘的情况 Talk about Zhang Ming and Xiao Liu according to the recording. ·· 21′8″ ▶

| 二 | 语音语调练习
Pronunciation and intonation | ⋎⋏⋎ |

一 下列句子与你听到的是否一致 Judge whether the following sentences are the same as what you hear. ·· 21′25″ ▶

1. Nǐ juéde tā kěyǐ ma?　　　　　　　　　　　　（　　）
2. Tāmen méiyǒu diǎndēng.　　　　　　　　　　（　　）
3. Liángkuai gòu le ma?　　　　　　　　　　　　（　　）
4. Tā yúkuài de jiēshòule yāoqǐng.　　　　　　　（　　）
5. Tā yào liàng shuǐ.　　　　　　　　　　　　　　（　　）
6. Zhè jiàn shì xūyào nǐ qù liǎojié.　　　　　　　（　　）
7. Zhè shì běn shì zuì dà de yángguāng guǎngchǎng.（　　）
8. Zhè zhǒng shípǐn yíngyǎng fēngfù, lǎoshào xiányí.（　　）
9. Yìnshuā jìshù rìzhēn wánshàn.　　　　　　　　（　　）
10. Zhè shì júzhǎng de zhǔzhāng.　　　　　　　　（　　）

二 根据问句选择正确的答句（注意答句的重音）Choose the correct answers based on the questions. （Pay attention to the sentence stress in the answer.） ······································ 23′20″ ▶

1. A （　　）　　2. A （　　）　　3. A （　　）
　 B （　　）　　　 B （　　）　　　 B （　　）
　 C （　　）　　　 C （　　）　　　 C （　　）

4. A （　　）　　5. A （　　）
　 B （　　）　　　 B （　　）
　 C （　　）　　　 C （　　）

课外练习 Homework

听下列短文，做练习 Listen to the following short passages and do the exercises.

短文（一） Passage 1　　中国女性的一天　25'43"

根据录音内容回答问题 Answer the following question according to the recording.

中国男性每天做饭、洗衣服、买东西的时间大概是多长？

短文（二） Passage 2　　一个妈妈　27'6"

根据录音内容回答问题 Answer the following question according to the recording.

为什么弟弟跟哥哥的作文一样？

Lesson 3

第三课 03

| 一 | 听力理解练习
Listening comprehension |
|---|---|

一 听下列句子，选择正确答案 Listen to the following sentences and choose
the correct answers. ························· 0'10"

1. A. 12 月 20 日
   B. 12 月 25 日
   C. 12 月 26 日
   D. 12 月 30 日

2. A. 体重增加了
   B. 瘦了
   C. 长高了
   D. 不想穿这件衣服了

3. A. 火车上
   B. 饭店里
   C. 汽车上
   D. 火车站

4. A. 问小明几点了
   B. 告诉小明该睡觉了
   C. 问小明什么时候睡觉
   D. 问小明睡觉了没有

5. A. 先去爬山，然后去公园
   B. 先去公园，然后去爬山
   C. 爬山
   D. 去公园

6. A. 1 月 15 号
   B. 1 月 25 号
   C. 2 月 15 号
   D. 2 月 5 号

7. A. 当妈妈了
   B. 快生孩子了
   C. 身体不太好
   D. 生病了

8. A. 妈妈以前做的菜不太好吃
   B. 妈妈现在吃得很多
   C. 妈妈现在做的菜不好吃
   D. 她现在吃得很多

9. A. 他现在对古典音乐感兴趣
   B. 他现在对现代音乐感兴趣
   C. 他以前对古典音乐不感
      兴趣
   D. 他以前对现代音乐很感
      兴趣

10. A. 她不喜欢游泳、滑冰、打
       球什么的
    B. 她最喜欢游泳
    C. 她不爱游泳
    D. 她不喜欢运动

二 听下列对话，选择正确答案 Listen to the following dialogues and choose the correct answers. ·········· **4′40″** ▶

1. A. 还没有，他只做了一道题
   B. 还没有，只有一道题还
      没做
   C. 昨天的作业只有一道
      题，他已经做完了
   D. 昨天的作业只有一道
      题，他还没做完

2. A. 吃饭
   B. 踢足球
   C. 看书
   D. 看电视

3. A. 差五分七点
   B. 七点五分
   C. 差十分七点
   D. 七点

4. A. 三块
   B. 两块五
   C. 两块
   D. 一块

5. A. 环境没有过去好了
   B. 环境比过去好了
   C. 来这儿的人多了
   D. 风景很美

6. A. 想去唱歌、跳舞
   B. 心情不太好
   C. 身体不舒服
   D. 很高兴

7. A. 这首歌现在很流行
   B. 这首歌的歌词不太好
   C. 女的觉得以前的歌好
   D. 女的觉得以前的歌歌词不
      太好

8. A. 爸爸一般七点以前回家
   B. 儿子让妈妈不要着急
   C. 爸爸没给妈妈打电话
   D. 妈妈不想给爸爸打电话

9. A. 416 房间
   B. 719 房间
   C. 419 房间
   D. 716 房间

10. A. 老李看错人了
    B. 小刘当经理了
    C. 小刘不是刘经理
    D. 那个人不是小刘

三 听下列对话，做练习 Listen to the following dialogues and do the exercises.

对话（一） Dialogue 1　买鸡蛋

生词　**New Word**

平时	píngshí	（名）	at ordinary times

1. 听第一遍录音，判断正误 Decide whether the following statements are true or false after listening to the recording for the first time. ·················· 10'34" ▶

   （1）再过几天就要过春节了。　　　　　　（　　）

   （2）春节前几天东西都便宜了。　　　　　（　　）

   （3）春节的时候买东西的人很多。　　　　（　　）

   （4）春节的时候商场的很多东西都很贵。（　　）

   （5）多买的话，鸡蛋可以便宜一点儿。　（　　）

2. 听第二遍录音，选择正确答案 Choose the correct answers after listening to the recording for the second time. ···························· 12'7" ▶

   （1）A. 两块五　　　（2）A. 三块　　　　　（3）A. 四块
   　　　B. 三块　　　　　　　B. 三块三　　　　　　　B. 两块五
   　　　C. 十块　　　　　　　C. 十二块　　　　　　　C. 三块

3. 请你说一说：女的为什么觉得春节的时候东西都应该便宜点儿？Please tell why the woman thinks the goods should be cheaper during the Spring Festival. ·································· 14'28" ▶

对话（二） **Dialogue 2**　他去哪儿了

生词　New Words

1. 笔记	bǐjì	（名）	note
2. 抄	chāo	（动）	to copy

1. 听第一遍录音，判断正误 Decide whether the following statements are true or false after listening to the recording for the first time. ················· 14′50″ ▶

（1）女的来找小王借一本小说。　　　　　　　　（　　）

（2）小王去操场踢球了。　　　　　　　　　　　（　　）

（3）张东上个星期有几天没去上课。　　　　　　（　　）

（4）田芳的字写得漂亮，张东的字写得也漂亮。（　　）

（5）梁老师教他们中国历史课。　　　　　　　　（　　）

2. 听第二遍录音，选择正确答案 Choose the correct answers after listening to the recording for the second time. ···················· 16′43″ ▶

（1）A. 快一个小时了
　　 B. 快半个小时了
　　 C. 半个多小时了
　　 D. 快一个半小时了

（2）A. 他病了
　　 B. 他要学习
　　 C. 他要去田芳那儿借笔记
　　 D. 他要看小说

（3）A. 田芳
　　 B. 张东

　　 C. 小王
　　 D. 女的

（4）A. 一个多星期了
　　 B. 一个多月了
　　 C. 快一个月了
　　 D. 好几个月了

（5）A. 张东
　　 B. 女的
　　 C. 小王
　　 D. 田芳

3. 朗读下列对话，注意体会画线句子的意思 Read the following dialogues. Pay attention to the meaning of the underlined sentences. ·············· **20′2″** ▶

（1）A：他去了多长时间了？

　　B：快半个小时了。

（2）A：她的字写得真漂亮！

　　B：她不但字写得很漂亮，而且写得也很快。

（3）A：这本书借了多长时间了？

　　B：到明天就一个月了。

二	语音语调练习 Pronunciation and intonation

一 下列句子与你听到的是否一致 Judge whether the following sentences are the same as what you hear. ················· **20′16″** ▶

1. Tā àiren qīnqiè hé'ǎi. 　　　　　　　（　）
2. Nǐ zài jiǎngshù yíxiàr dāngshí de qíngxíng. （　）
3. Ménliánr huàn le. 　　　　　　　　　（　）
4. Zhè cì tánpàn méiyǒu qǔdé chénggōng. （　）
5. Tā Yīngyǔ miǎnshì le. 　　　　　　　（　）
6. Bié ràng tā nǎo le. 　　　　　　　　（　）
7. Tā shì zhēnzhèng de yīngxióng. 　　　（　）
8. Lù shang yùjiàn yí ge nóngfù. 　　　　（　）
9. Zài shìchǎng jīngjì xià, shāngchǎng rú zhànchǎng a! （　）
10. Nǐ zhèyàng shuō, pàng rén bù xǐhuan tīng. （　）

二 听下列句子，画出句重音并跟读 Listen to the following sentences. Underline the stress of the sentences and read after the recording. ··· **22′8″** ▶

1. 下雨了。　　2. 下雪了。　　3. 下霜了。　　4. 阴天了。

5. 晴天了。　　6. 刮风了。　　7. 打闪了。　　8. 打雷了。

课外练习
Homework

听下列短文，做练习 Listen to the following short passages and do the exercises.

短文（一）Passage 1　天气预报　22′58″ ▶

根据录音内容回答问题 Answer the following question according to the recording.

这大概是什么季节的天气预报？

短文（二）Passage 2　晚饭吃什么　23′50″ ▶

根据录音内容回答问题 Answer the following questions according to the recording.

（1）老李今天不想吃什么？为什么？

（2）老李想吃什么？

（3）这家饭馆有什么？你觉得老李会吃吗？

第四课 04

一	听力理解练习 Listening comprehension

一 **听下列句子，选择正确答案** Listen to the following sentences and choose the correct answers. ·· 0'10″ ▶

1. A. 在车里边
   B. 在车外边
   C. 在楼上边
   D. 在楼下边

2. A. 宿舍里边
   B. 宿舍外边
   C. 教室里边
   D. 教室外边

3. A. 屋子外边
   B. 屋子里边
   C. 楼里
   D. 车上

4. A. 北京
   B. 上海
   C. 广州
   D. 香港

5. A. 北京
   B. 广州
   C. 香港
   D. 上海

6. A. 小李那儿
   B. 小王那儿
   C. 说话人那儿
   D. 张东那儿

7. A. 宿舍里
   B. 教室里
   C. 楼下
   D. 楼上

8. A. 香港
   B. 北京
   C. 上海
   D. 广州

9. A. 山下边
   B. 山的中间
   C. 山的最上边
   D. 山的旁边

10. A. 西安
    B. 北京
    C. 上海
    D. 广州

二 听下列对话，选择正确答案 Listen to the following dialogues and choose the correct answers. ·················· 5′21″ ▶

1. A. 回来看看天气预报
   B. 他不想打球了
   C. 天气不好了
   D. 不知道天气怎么样

2. A. 小王上个月借给了他们几本书
   B. 他们上个月借给了小王几本书
   C. 他们只借给了小王一本书
   D. 小王还有一本书没有还

3. A. 商场里
   B. 操场上
   C. 宿舍里
   D. 宿舍外边

4. A. 楼里边
   B. 楼外边
   C. 商店里边
   D. 商店外边

5. A. 床上边
   B. 床下边
   C. 床旁边
   D. 屋子外边

6. A. 找对房间了
   B. 找错房间了
   C. 记住房间号了
   D. 记错房间号了

7. A. 刘老师在办公室
   B. 刘老师刚回办公室
   C. 刘老师一会儿就回家
   D. 刘老师一会儿回办公室

8. A. 爸爸常常比女儿早回家
   B. 爸爸顺便还要去别的公司
   C. 爸爸一会儿还要回公司
   D. 爸爸今天已经下班了

9. A. 张东晚上不回来了
   B. 张东的同屋晚上不回来了
   C. 小刘给张东的同屋打来了一个电话
   D. 张东给他的同屋打来了一个电话

10. A. 她要去邮局取包裹
    B. 她要去邮局寄包裹
    C. 她要去展览馆参观
    D. 她要去博物馆参观

三 听下列短文，做练习 Listen to the following short passages and do the exercises.

短文（一） Passage 1 买 笔

生词 New Words

1. 记者	jìzhě	（名）	reporter
2. 身上	shēn shang		on one's body
3. 同事	tóngshì	（名）	colleague
4. 印象	yìnxiàng	（名）	impression
5. 怪	guài	（动）	to put blame on
6. 简单	jiǎndān	（形）	simple

1. 听第一遍录音，判断正误 Decide whether the following statements are true or false after listening to the recording for the first time. ·················· 11'17"▶

（1）他是一个记者。 （ ）
（2）他身上总是带很多支笔。 （ ）
（3）小李帮他买了 12 支蓝色的笔。 （ ）
（4）小李给他买错了。 （ ）

2. 听第二遍录音，选择正确答案 Choose the correct answers after listening to the recording for the second time. ························ 13'21"▶

（1）A. 他喜欢笔
　　 B. 他用笔用得多
　　 C. 他要用各种颜色的笔
　　 D. 现在的笔不太好，一支笔很快就用完了

（2）A. 他让小李去商店帮他买笔
　　 B. 小李想帮助他
　　 C. 小李自己要去商店，顺便帮他买笔
　　 D. 小李喜欢买笔

（3）A. 12 支蓝色的笔
　　 B. 12 支黑色的笔
　　 C. 12 支红色的笔
　　 D. 12 支绿色的笔

（4）A. 他不让小李帮他买笔了
　　 B. 他只用黑色的笔了
　　 C. 他喜欢用蓝色的笔了
　　 D. 他说话或者写文章变得简单了

3. 回答问题 Answer the questions after listening to the recording. ······ 16′32″ ▶

    （1）他请小李帮他买笔的时候，是怎么说的？

    （2）小李为什么给他买成了黑色的？

    （3）他觉得要是怎样说的话，小李就不会买错了？

    （4）要是你请别人帮你买东西，你会怎么说？

4. 请你讲一讲这个小故事 Please tell the story. ····················· 17′6″ ▶

短文（二）　**Passage 2**　老教授

生词　**New Words**

1. 学术	xuéshù	（名）	learning; science
2. 记忆力	jìyìlì	（名）	memory
3. 会议	huìyì	（名）	meeting
4. 钥匙	yàoshi	（名）	key
5. 身份证	shēnfènzhèng	（名）	identity card

1. 听第一遍录音，判断正误 Decide whether the following statements are true or false after listening to the recording for the first time. ················· 17′29″ ▶

    （1）李书教授的记忆力不太好。　　　　　（　　）

    （2）李书教授这天是来饭店找人的。　　　（　　）

    （3）李书教授忘了自己的房间号。　　　　（　　）

    （4）李书教授住在 108 房间。　　　　　　（　　）

    （5）服务员最后没有给他房间的钥匙。　（　　）

2. 听第二遍录音，回答问题 Answer the questions after listening to the recording for the second time. ································ 19′50″ ▶

    （1）请你简单介绍一下这位李教授。

    （2）李教授用什么办法拿到了房间的钥匙？

一 下列句子与你听到的是否一致 Judge whether the following sentences are the same as what you hear. ·· **22′19″** ▶

1. Zhège rén pǐnxìng hěn hǎo.   (   )

2. Jiàoshī sùzhì yǒudài tígāo.   (   )

3. Zhè shì wǒ de qízi.   (   )

4. Tā méiyǒu qí chē.   (   )

5. Jùchǎng nèi jìnzhǐ xīyān.   (   )

6. Zhè shì qiánrèn méiyǒu xiǎngdào de.   (   )

7. Tā jīnglì hěn wàngshèng.   (   )

8. Zhège fángjiān kuānchǎng、míngliàng.   (   )

9. Nǐ yào quánbù qīngchú cái xíng.   (   )

10. Zhè zhǒng xiànxiàng zài dāngshí fēicháng pǔbiàn. (   )

二 给下列句子中的"来"和"去"标上调号并跟读（注意是原调还是轻声）Add tonal marks to the *pinyin* of "来" and "去" in the following sentences, then read after the recording（Note：Decide whether it is in its original tone or neutral tone）. ·· **24′3″** ▶

1. 我来北京已经半年了。

2. 朋友给我送来一束鲜花。

3. 老师让我们明天七点半来学校。

4. 张经理去公司了。

5. 我的词典小王拿去了。

6. 我请他给朋友捎去一封信。

课外练习 Homework

听下列短文，做练习 Listen to the following short passages and do the exercises.

短文（一） Passage 1　　用面条换的　25′6″ ▶

听后简述故事的主要内容 Retell the story briefly after listening to the recording.

短文（二） Passage 2　　什么时间做什么　26′32″ ▶

根据录音内容填表 Fill in the form according to the recording.

日常活动	洗澡	锻炼	晚上睡觉	喝茶	吃水果
最适合的时间					

第五课 05

一	听力理解练习 Listening comprehension

一 听下列句子，选择正确答案 Listen to the following sentences and choose the correct answers. ································· 0'10″ ▶

1. A. 第一次
   B. 第二次
   C. 第三次
   D. 第四次

2. A. 只会说"你好！"
   B. 不会说汉语
   C. 知道"你好！"是什么意思
   D. 会说一句汉语

3. A. 从来没吃过
   B. 在上海吃过一次
   C. 在这儿吃过一次
   D. 吃过两次烤鸭

4. A. 在小李那儿
   B. 在小王那儿
   C. 在"我"这儿
   D. 在小张那儿

5. A. 他听过这张光盘
   B. 他没听说过这张光盘
   C. 他没听过这张光盘
   D. 他想买这张光盘

6. A. 他一直在上海生活
   B. 他在上海生活了四年了
   C. 他现在不在上海生活
   D. 他不了解上海

7. A. 他这是第一次吃中药
   B. 他以前吃过中药
   C. 他以前吃的中药不太苦
   D. 这次吃的中药很苦

8. A. 他今天是第二次来这个展览馆
   B. 他没来过这个展览馆
   C. 他在这儿照过一次相
   D. 他没在这儿照过相

9. A. 去年我没给他写过信

B. 去年他没给我写过信

C. 去年他只给我写过一封信

D. 去年我给他写过一封信

10. A. 我对刘经理一直很好

B. 刘经理对我一直很好

C. 刘经理今天对我很好

D. 刘经理今天对我不太好

二 听下列对话，选择正确答案 Listen to the following dialogues and choose the correct answers. ·········· 4'52"▶

生词　New Words

1. 时尚	shíshàng	（形）	fashionable
2. 尝	cháng	（动）	to taste; to try（some food）

1. A. 一次

B. 两次

C. 三次

D. 四次

2. A. 她爱人从来没做过饭

B. 她爱人不在厨房

C. 每天是她爱人做饭

D. 他们自己不做饭

3. A. 老王每天上班都迟到

B. 老王每次开会都早来半个小时

C. 老王开会常常迟到

D. 老王有一次迟到了半个小时

4. A. 山本没喝过中国的白酒

B. 山本喝过中国的白酒

C. 山本只喝啤酒

D. 山本想喝啤酒

5. A. 山本以前的成绩比玛丽好

B. 山本的成绩总是不好

C. 这次考试的成绩玛丽比山本好

D. 这次考试的成绩山本比玛丽好

6. A. 2002 年

B. 2004 年

C. 2006 年

D. 2008 年

7. A. 老王去过中国很多有名的地方

B. 中国有名的地方老王去过的不多

C. 老王去过外国很多有名的地方

D. 老王不想去外国

8. A. 咖啡喝多了才会失眠　　　　　C. 今天的风特别大

   B. 他喝了咖啡以后不会失眠　　　D. 北京常常刮大风

   C. 他喝了咖啡就会失眠

   D. 他没喝过咖啡　　　　　　10. A. 小王没得过感冒

9. A. 北京今天没有风　　　　　　　　B. 这次感冒和以前不太一样

   B. 北京从来没刮过大风　　　　　　C. 小王还没吃药呢

   　　　　　　　　　　　　　　　　D. 小王有点儿发烧

三 听下列对话，做练习 Listen to the following dialogues and do the exercises.

对话（一） Dialogue 1　请你来我家吃饭

1. 听第一遍录音，判断正误 Decide whether the following statements are true or
   false after listening to the recording for the first time. ·················· 11′13″ ▶

   （1）小李和王刚以前是同学。　　　　　（　　）

   （2）王刚请小李下个星期六去他家。　　（　　）

   （3）他们已经毕业半年了。　　　　　　（　　）

   （4）王刚的父母家住在中国饭店附近。　（　　）

   （5）王刚让小李星期六两点以前来。　　（　　）

2. 听第二遍录音，选择正确答案 Choose the correct answers after listening to
   the recording for the second time. ·················· 13′13″ ▶

   （1）A. 见过很多次　　　　　　（3）A. 不用换车

   　　 B. 见过一次　　　　　　　　　 B. 换一次车

   　　 C. 见过几次　　　　　　　　　 C. 换两次车

   　　 D. 没见过　　　　　　　　　　 D. 换三次车

   （2）A. 刘芳　　　　　　　　　（4）A. 1 层

   　　 B. 田丽　　　　　　　　　　　 B. 3 层

   　　 C. 建国　　　　　　　　　　　 C. 12 层

   　　 D. 王刚　　　　　　　　　　　 D. 14 层

3. 你想请朋友来你的宿舍玩儿，你怎么跟他说？ What would you say to your friend if you want to invite him to your dorm? ························· **16′20″** ▶

对话(二) Dialogue 2　打算去哪儿

生词　New Words

1. 放假	fàng jià	（动）	to have a vacation
2. 南方	nánfāng	（名）	south
3. 寒假	hánjià	（名）	winter vacation

1. 听第一遍录音，判断正误 Decide whether the following statements are true or false after listening to the recording for the first time. ················· **16′40″** ▶

（1）现在快放暑假了。　　　　　　　　（　　）

（2）山田想去南方旅行。　　　　　　　（　　）

（3）山田去上海以后再去海南。　　　　（　　）

（4）山田今年夏天的时候去过上海。　　（　　）

（5）女的放假以后不去旅行。　　　　　（　　）

（6）他们25号开学。　　　　　　　　　（　　）

2. 听第二遍录音，选择正确答案 Choose the correct answers after listening to the recording for the second time. ···························· **18′55″** ▶

（1）A. 上海
　　 B. 海南
　　 C. 回家
　　 D. 广州

（2）A. 上海
　　 B. 海南
　　 C. 回国
　　 D. 广州

（3）A. 没回过
　　 B. 姐姐结婚的时候回去过
　　 C. 他结婚的时候回去过
　　 D. 朋友结婚的时候回去过

（4）A. 海南
　　 B. 上海
　　 C. 北京
　　 D. 广州

（5）A. 他还没去过上海   再去上海，开学前一天回北京

     B. 他喜欢吃上海菜   C. 先去上海玩儿 10 天，再去

     C. 他喜欢上海这个城市   海南，25 号回北京

     D. 他朋友在上海   D. 先去海南玩儿 10 天，再去

（6）A. 回家   上海，25 号回北京

     B. 先去海南玩儿 10 天，

3. 根据实际情况回答问题 Answer the questions according to the real situation.

··· 22′52″ ▶

（1）来中国以后你去过哪些城市？谈一谈那个城市的情况。

（2）说一说假期（holiday）你有什么打算，为什么。

| 二 | 语音语调练习
Pronunciation and intonation | 〰 |

■ 下列句子与你听到的是否一致 Judge whether the following sentences are the same as what you hear. ··· 23′23″ ▶

1. Tā bú tài shàngxīn.   （　　）

2. Wū li de dōngxi shāo le.   （　　）

3. Xiànzài gōngzuò xiàolǜ tígāo le.   （　　）

4. Měi tiān de shēnghuó kūzào fáwèi.   （　　）

5. Tāmen méiyǒu zhǔnbèi xiàn huā.   （　　）

6. Míngtiān jǔxíng jìzhě zhāodàihuì.   （　　）

7. Zhèxiē sùcài hěn hǎo.   （　　）

8. Tā juéde hěn shénqí.   （　　）

9. Zhè cái shì zhèngzōng de chuāncài.   （　　）

10. Quècháo kāfēi, shěngshí fāngbiàn, suíshí xiǎngshòu. （　　）

二 给下列句子中的"过"标上调号并跟读（注意是原调还是轻声）

Add tonal marks to the *pinyin* of "过" in the following sentences, then read after the recording（Note：Decide whether it is in its original tone or neutral tone）.

·· **25′14″** ▶

1. 我吃过几次烤鸭，很好吃。
2. 今年要在北京过生日了。
3. 来北京以后我还没给他写过信。
4. 他刚出去，你过一会儿再打电话吧。
5. 我没看过这部电视剧。
6. 今年你的生日打算怎么过？

课外练习
Homework

听下列短文，做练习 Listen to the following short passages and do the exercises.

短文（一）　Passage 1　　吃　药　　**26′24″** ▶

根据录音内容回答问题 Answer the question according to the recording.

　　请说一说小李回家后是怎么吃药的。

短文（二）　Passage 2　　音乐会　　**27′20″** ▶

根据录音内容回答问题 Answer the questions according to the recording.

1. 这是一个什么音乐会？
2. 音乐会什么时候、在哪儿举行？
3. 可以在哪儿买票？

Lesson 6

第六课 06

听力理解练习
Listening comprehension

一 听下列句子，选择正确答案 Listen to the following sentences and choose the correct answers. ·························· 0′10″

1. A. 小李
   B. 小王
   C. 小李的女朋友
   D. 小李和他女朋友

2. A. 1994 年
   B. 1992 年
   C. 1990 年
   D. 1988 年

3. A. 小李去年旅行的时候认识了那个人
   B. 那个人当过导游
   C. 小李去年当过导游
   D. 小李现在当导游

4. A. 小王周末去打工
   B. 小王没去打过工
   C. 小王周末不去打工
   D. 小王周末去饭店吃饭

5. A. 这套邮票是他去邮局买的
   B. 这套邮票是一位朋友的
   C. 这套邮票是别人送给他的
   D. 他在邮局工作

6. A. 小明
   B. 小李
   C. 小李的女朋友
   D. 小明的女朋友

7. A. 这件毛衣是"我"给老王买的
   B. 这件毛衣是在上海买的
   C. 这件毛衣是今年买的
   D. "我"去年去上海开会了

8. A. 小李用手画的
   B. 小李用电脑画的
   C. 小王用手画的
   D. 小王用电脑画的

9. A. 病了三个月了
   B. 住了一个月院了
   C. 住了四个月院了
   D. 不知道是什么病

10. A. 小张在这里买的
    B. 小张从家乡带来的
    C. 小张的父亲在这里买的
    D. 小张的父亲从家乡带来的

二 听下列对话，选择正确答案 Listen to the following dialogues and choose the correct answers. ·· 4'47"▶

生词 **New Words**

1. 抽烟	chōu yān	（动）	to smoke
2. 筷子	kuàizi	（名）	chopstick

1. A. 开会
   B. 旅游
   C. 买书
   D. 看儿子

2. A. 2008 年
   B. 2005 年
   C. 2000 年
   D. 1992 年

3. A. 王丽的妈妈
   B. 王丽妈妈的朋友
   C. 王丽的朋友
   D. 王丽

4. A. 王教授太极拳打得很好
   B. 王教授教麦克打太极拳
   C. 王教授的一个研究生会
      打太极拳
   D. 麦克早就开始打太极拳了

5. A. 中国人
   B. 韩国人
   C. 日本人
   D. 美国人

6. A. 生病了
   B. 想抽烟了
   C. 病好了
   D. 住院了

7. A. 原来打算十点半考完
   B. 题太难了
   C. 小王有一道题没做完
   D. 小王只做完一道题

8. A. 一吃这种药病就会好
   B. 让男的不要着急
   C. 让男的要坚持锻炼
   D. 没有治这种病的药

9. A. 上午 8 点
   B. 上午 8 点半
   C. 晚上 8 点
   D. 晚上 8 点半

10. A. 17 岁
    B. 20 岁
    C. 20 多岁
    D. 30 多岁

三 听下列短文，做练习 Listen to the following short passages and do the exercises.

短文(一) **Passage 1** 我的家

生词 New Word

| 算是 | suànshì | （副） | to be counted as |

1. 听第一遍录音，判断正误 Decide whether the following statements are true or false after listening to the recording for the first time. ···················· *11′18″* ▶

   （1）王芳和她爱人是上大学的时候认识的。 （   ）
   （2）王芳的爱人和小王是大学同学。 （   ）
   （3）王芳在电视台工作。 （   ）
   （4）他们结婚的时候去海南旅行了。 （   ）
   （5）他们的房子每个月的租金是两千多块钱。 （   ）
   （6）王芳的女儿已经五岁了。 （   ）

2. 听第二遍录音，选择正确答案 Choose the correct answers after listening to the recording for the second time. ······························ *13′29″* ▶

   （1）A. 1990 年
       B. 1991 年
       C. 1992 年
       D. 1993 年

   （2）A. 五天
       B. 三天
       C. 六天
       D. 八天

（3）A. 60 万
　　B. 40 万
　　C. 20 万
　　D. 80 万

（4）A. 现在正想去上学
　　B. 六岁的时候去上学
　　C. 今年该上学了
　　D. 已经上了一年学了

3. 请你介绍一下王芳家的大概情况 Please give a general account of Wang Fang's family. ································· **16′43″** ▶

短文（二）　**Passage 2**　我家四口人

生词　**New Words**

1. 指	zhǐ	（动）	to refer to
2. 面	miàn	（名）	side

1. 听第一遍录音，选择正确答案 Choose the correct answers after listening to the recording for the first time. ··············· **17′2″** ▶

（1）A. 爸爸、妈妈、他和客人
　　B. 爸爸、妈妈、他和电视
　　C. 爸爸、妈妈、他和一个小朋友
　　D. 爸爸、妈妈、他和妹妹

（2）A. 客人来了的时候
　　B. 电视坏了的时候
　　C. 电视里同时有他们喜欢的节目的时候
　　D. 电视里没有他们喜欢的节目的时候

（3）A. 他爱看体育节目，妻子爱看电视剧
　　B. 他爱看京剧，妻子爱看电视剧
　　C. 他爱看京剧，妻子爱看

体育节目
　　D. 他爱看电视剧，妻子爱看京剧

（4）A. 有一种可以同时看四个节目的电视
　　B. 有自己的一台电视
　　C. 他们家买四台电视
　　D. 电视里每天都有京剧

（5）A. 儿子
　　B. 妻子
　　C. 电视
　　D. 朋友

（6）A. 打不开了
　　B. 看不清楚了
　　C. 听不清楚了
　　D. 没声音了

2. 听第二遍录音，回答问题 Answer the questions after listening to the recording for the second time. ··· 22'2" ▶

(1) 他们为什么很喜欢看电视？

(2) 要是电视里同时有他们喜欢的节目的话，他们会怎么做？

3. 根据实际情况回答问题 Answer the questions according to the real situation.
··· 25'20" ▶

(1) 你喜欢看电视吗？为什么？

(2) 你喜欢看什么节目？为什么？

(3) 来中国以后你经常看电视吗？讲一讲你看过的一个中国电视节目。

| 二 | 语音语调练习
Pronunciation and intonation | ∿ |

一 下列句子与你听到的是否一致 Judge whether the following sentences are the same as what you hear. ··· 25'57" ▶

1. Tāmen zāoshòule hěn dà de sǔnshī. ( )

2. Nàr méiyǒu tóngchē. ( )

3. Wǒmen shuō huà bàn shì yào shí shì qiú shì. ( )

4. Wǒmen liǎng ge tóngshì qù. ( )

5. Gēn tāmen tóngxíng de hái yǒu yí ge rén. ( )

6. Tā shì yí wèi zhùmíng de értóng wénxué zuòjiā. ( )

7. Tā shì xìjù yǎnyuán. ( )

8. Tā hái chuānzhe xīfú ne. ( )

9. Duì nǐmen zhōudào de fúwù wǒ shēn biǎo gǎnxiè. ( )

10. Zhèr huánjìng yōuměi, kōngqì qīngxīn. ( )

二 听下面的句子，请你用"是……的"结构说出问句（注意答句的重音）Listen to the following sentences，and ask questions using the sentence structure "是……的". ·· **27′45″** ▶

1.　　　 2.　　　 3.　　　 4.　　　 5.　　　 6.

课外练习
Homework

听下列短文，做练习 Listen to the following short passages and do the exercises.

短文（一）| Passage 1 　　两个原因 　**28′52″** ▶

根据录音内容回答问题 Answer the question according to the recording.

这个儿子是一个什么人？

短文（二）| Passage 2 　　一位"老人" 　**29′48″** ▶

根据录音内容回答问题 Answer the questions according to the recording.

1. 这位"老人"多大年纪了？

2. 他每天都做什么？

3. 你觉得他的身体怎么样？

Lesson 7

第七课 07

<table>
<tr><td>一</td><td>听力理解练习
Listening comprehension</td></tr>
</table>

一 听下列句子，选择正确答案 Listen to the following sentences and choose the correct answers. ·· 0'10″ ▶

1. A. chéng
   B. shèng ✓
   C. shěng
   D. shéng

2. A. 蓝色 ✓
   B. 白色
   C. 黑色
   D. 红色

3. A. 问这张画应该放在哪儿
   B. 这张画应该放在卧室里
   C. 这张画应该放在客厅里 ✓
   D. 这张画放在卧室里或客厅里都不合适 ✓

4. A. 找着小李了
   B. 找着电影预报了 ✓
   C. 找着了一张纸
   D. 找着2月6号的天气预报了 ✓

5. A. 6月1号
   B. 5月1号 ✓
   C. 4月1号 ✓
   D. 3月1号

6. A. 商场后边
   B. 商场前边 ✓
   C. 商场里边
   D. 汽车里边

7. A. 她晚上没睡着觉 ✓
   B. 她今天睡了半天
   C. 她不习惯中午睡觉 ✓
   D. 她也有中午睡觉的习惯

8. A. 一直没有休息
   B. 没有睡好 ✓
   C. 没有考好
   D. 有考试

9. A. 她今天 12 点才睡觉
   B. 她昨天晚上 12 点才睡觉
   C. 她睡了 12 个小时
   D. 她今天 12 点才起床 ✓

10. A. 小王给张东打了电话 ✓
    B. 张东给小王打了电话
    C. 张东让小王去他那儿
    D. 张东搬家了 (✓)

二 听下列对话，选择正确答案 Listen to the following dialogues and choose the correct answers. ·········· 4′57″ ▶

1. A. 气温比较高
   B. 气温比较低 ✓
   C. 有风
   D. 有雨

2. A. 她不能翻译 *Fan yee* —Translate (✓)
   B. 她去找别人翻译 ✓
   C. 别人想翻译
   D. 让他再找一个人来帮助自己

3. A. 大衣口袋里
   B. 上衣口袋里
   C. 他的手上
   D. 手提包里 ✓

4. A. 你说的不对
   B. 你说的对 (✓)
   C. 现在不比以前快 ✓
   D. 现在比以前快了一点儿

5. A. 早上
   B. 中午
   C. 下午
   D. 晚上 ✓

6. A. 小王的本子
   B. 小王的电话号码 ✓
   C. 小王
   D. 电话

7. A. 中国队赢了韩国队
   B. 韩国队赢了中国队 (✓)
   C. 中国队赢了日本队
   D. 日本队赢了韩国队 ✓

8. A. liè
   B. yuè
   C. lüè ✓
   D. nüè

9. A. 这件衣服颜色比较浅
   B. 小王穿的那件衣服好看
   C. 小王喜欢穿浅色的衣服
   D. 这件衣服小王穿上效果比较好 ✓

10. A. 10 号的票还有 11 张 (✓)
    B. 他可以买 11 号的票 ✓
    C. 他想 8 号去上海
    D. 11 号的票没有座位了

听下列短文，做练习 Listen to the following short passages and do the exercises.

短文（一） **Passage 1** 邻 居

生词 New Words

1. 邻居	línjū	（名）	neighbour
2. 歌唱家	gēchàngjiā	（名）	singer
3. 吵	chǎo	（动）	to quarrel
4. 讨厌	tǎoyàn	（形）	disgusting
5. 工具	gōngjù	（名）	tool

too yeen

1. 听第一遍录音，把相关内容用线连接起来 Connect the relevant parts with a line after listening to the recording for the first time. ·················· **10′55″** ▶

（1） 老大夫 ———————————— 喜欢唱歌 *Doctor.*
      女歌唱家 ———————————— 喜欢安静

（2） 老大夫   在门里喊   你为什么不去别的地方唱？
      女歌唱家   在门外喊   你为什么不去喝酒、去钓鱼、
                                  去游泳？

（3） 老大夫   来到他家   送来一束花
      女歌唱家   来到她家 ———— 送来一套钓鱼的工具

（4） 老大夫 ———— 学钓鱼
      女歌唱家   学唱歌

2. 听第二遍录音，回答问题 Answer the questions after listening to the recording for the second time. ······························· **13′47″** ▶

（1） 女歌唱家刚搬来的时候，老大夫为什么不让她唱歌？
（2） 这时候女歌唱家是怎么想的？他们这时候的关系怎么样？
（3） 第二天女歌唱家练习唱歌的时候，老大夫做什么去了？
（4） 过了几天，女歌唱家为什么来到老大夫的家？
（5） 他们现在的关系怎么样了？为什么？

3. 讲一讲你和邻居的关系怎么样 Talk about your relationship with your neighbours. ································· **17'8"** ▶

短文(二) | Passage 2 | 一张照片

生词 New Words

1. 突然	tūrán	(副)	suddenly
2. 车牌号	chēpáihào	(名)	license plate number

1. 听第一遍录音，判断正误 Decide whether the following statements are true or false after listening to the recording for the first time. ·············· **17'25"** ▶

   (1) 他们的包丢在出租车里了。 (✗)

   (2) 包里有钱、照相机、身份证什么的。 (✓)

   (3) 那辆车是红雨出租车公司的。 ( )

   (4) 他们没有在公园玩儿就回来了。 (T)

   (5) 师傅看见他的身份证，知道他住在这儿。 (✗)

   (6) 他的照相机送给那个师傅了。 ( )

2. 听第二遍录音，选择正确答案 Choose the correct answers after listening to the recording for the second time. ···················· **20'25"** ▶

   (1) A. 在公园里玩儿的时候
       B. 在公园门口买票的时候
       C. 出租车开走了以后 ✓
       D. 回到家以后

   (2) A. 车牌号
       B. 那家出租车公司的名字
       C. 那个师傅的名字
       D. 司机的电话

   (3) A. 那个出租车公司 ✓
       B. 那辆车

       C. 那个师傅
       D. 他们的朋友

   (4) A. 公园门口 ✓
       B. 楼里边
       C. 学校门口
       D. 出租车里 ✓

   (5) A. 送给师傅一个照相机 ✓
       B. 送给师傅一张照片 ✓
       C. 跟师傅一起照一张相
       D. 要师傅的一张照片

3. 来中国以后你丢过东西吗？捡到过东西吗？你当时是怎么做的？Have you ever lost or found anything after you came to China? What did you do then?
······································· 24'49" ▶

二	语音语调练习
	Pronunciation and intonation

一 下列句子与你听到的是否一致 Judge whether the following sentences are the same as what you hear. ······························· 25'8" ▶

1. Tāmen yǒu xiānhuò gōngyìng. （　）

2. Xūyào zhìdìng xīn de guīzhāng zhìdù. （　）

3. Tā de zhuānyè bú duìkǒu. （　）

4. Wǒmen yígòng yǒu shí ge xuéyuàn. （　）

5. Yào péiyǎng háizi rè'ài dàzìrán. （　）

6. Nǐmen tài bù zhěngqí le. （　）

7. Yàofāng li méiyǒu zhè zhǒng yào. （　）

8. Tāmen shì huànnàn yǔgòng de zhījǐ. （　）

9. Nà pī huò jíyú chūshòu. （　）

10. Lèguān de shēnghuó tàidu shì chángshòu de qiántí. （　）

二 听下列句子，标出停顿的位置（用"｜"表示）并跟读 Listen to the following sentences and mark the pauses with "｜". ················· 27' ▶

1. 北京队和上海队的那场比赛太好看了。

2. 我的一位大学同学明天要出国。

3. 后边那座白色的大楼就是办公楼。

4. 这本书是去年在上海开会的时候买的。

5. 刘校长是我们班同学刘小红的父亲。

6. 代表团明天坐10点10分的飞机去上海。

7. 我想我们班应该参加这次汉语节目表演。

8. 我觉得这次汉语考试太难了。

9. 他打算在这儿学习一年以后去别的大学学习。

10. 我们准备今年夏天全家一起去南方旅行。

听下列短文，做练习 Listen to the following short passages and do the exercises.

短文（一） Passage 1　要用一样的时间　*28′55″* ▶

根据录音内容回答问题 Answer the following question according to the reccording.

　　他的妻子几点让他起床？为什么？

短文（二） Passage 2　妈妈去哪儿了　*30′22″* ▶

根据录音内容回答问题 Answer the following questions according to the recording.

　　这个年轻妻子的妈妈去哪儿了？为什么？

第八课 08

<table>
<tr><td>一</td><td>听力理解练习
Listening comprehension</td></tr>
</table>

一 听下列句子，选择正确答案 Listen to the following sentences and choose the correct answers. ·· 0′10″ ▶

1. A. 麦克有点儿寂寞
   B. 麦克不寂寞
   C. 麦克的中国朋友不寂寞
   D. 麦克的中国朋友有点儿寂寞

2. A. 跟她姐姐不一样
   B. 跟她姐姐有点儿像
   C. 跟她姐姐一样
   D. 跟她妹妹一样

3. A. 只是因为汉字写得太慢
   B. 一个主要原因是汉字写得太慢
   C. 因为汉字写得太乱
   D. 考试太难了

4. A. 是用中文写的
   B. 是用英文写的
   C. 已经翻译成中文了
   D. 已经翻译成英文了

5. A. 上个星期天他去买鱼了
   B. 这些东西被鱼吃完了
   C. 他想知道他们买了几条鱼
   D. 他们吃完了上个星期买的鱼

6. A. 李华要派你去美国留学
   B. 李华要派别人去美国留学
   C. 李华去美国留学了
   D. 李华想去美国留学

7. A. 忘了买照相机了
   B. 下车的时候忘了拿照相机了
   C. 忘了坐出租车了
   D. 刚买了一辆汽车

8. A. 他的汽车坏了
   B. 坐的出租车在路上坏了
   C. 迟到了
   D. 没有迟到

9. A. 小王向一个外国人问路
   B. 小王的外语不太好
   C. 那个外国人汉语说得不错
   D. 那个外国人只会说一句汉语

10. A. 小李没有看见那起交通事故
    B. 小李看见那起交通事故了
    C. 小李发生了交通事故
    D. 别人听说小李发生了交通事故

二 听下列对话，选择正确答案 Listen to the following dialogues and choose the correct answers. ·························· 4′46″ ▶

1. A. 已经好多了
   B. 好一点儿了
   C. 跟以前一样
   D. 比以前更厉害了

2. A. 不太好
   B. 非常好
   C. 他不知道该怎么说
   D. 旅游的人很少

3. A. 正在写作业
   B. 正在看作业
   C. 正在看书
   D. 正在看电视

4. A. 下午开会的事都准备好了
   B. 下午开会的事还没准备好
   C. 王教授和张教授正在房间准备
   D. 还没有通知王教授和张教授

5. A. 不太热
   B. 气温没有到 30 度
   C. 气温有 30 多度
   D. 不知道今年夏天的天气怎么样

6. A. 小王没有写完
   B. 小王写完了
   C. 男的只写了一句话
   D. 男的写完了

7. A. 他前边的三个人买到了，他没买到
   B. 他前边的三个人没买到，他买到了
   C. 他和前边的三个人都没买到
   D. 他和前边的三个人都买到了

8. A. 去厨房洗苹果
   B. 去厨房洗橘子
   C. 去厨房洗手
   D. 去买点儿橘子

9. A. 今天风很大

   B. 纸放在地上了

   C. 女的把门打开了

   D. 桌子上有很多报纸

10. A. 小王应该穿浅颜色的毛衣

    B. 小王应该穿深颜色的毛衣

    C. 这件毛衣颜色太浅了

    D. 这件毛衣小丽穿不太合适

三 听对话和短文，做练习 Listen to the following dialogue and short passage and do the exercises.

| 对话 Dialogue | 那个人是谁

生词 New Word

| 戴 | dài | （动） | to wear |

1. 听第一遍录音，把相关内容用线连接起来 Connect the relevant parts with a line after listening to the recording for the first time. · · · · · · · · · · · · · · · **10′47″** ▶

王小华　　　　　车里边　　　　　戴眼镜

研究生　　　　　车前边　　　　　穿红大衣

王教授的爱人　　车门旁边　　　　跟王教授说话

2. 听第二遍录音，选择正确答案 Choose the correct answers after listening to the recording for the second time. · · · · · · · · · · · · · · · **12′15″** ▶

（1）A. 楼上

　　　B. 楼下

　　　C. 路上

　　　D. 车里

（2）A. 王教授在她家吃过饭

　　　B. 王教授帮助过她

　　　C. 她是王教授的研究生

　　　D. 她帮助过王教授

（3）A. 他想麻烦王教授给他看

　　　　一篇论文

　　　B. 他想去王教授家吃饭

　　　C. 他想读王教授的研究生

　　　D. 他想认识王教授的研究生

3. 根据实际情况回答问题 Answer the questions according to the real situation.
··· 14′28″ ▶

   （1）坐在你前边的人是谁？坐在你后边的人是谁？

   （2）你们班那个戴眼镜的男生是谁？那个戴眼镜的女生是谁？

   （3）你们班今天第一个来教室的同学是谁？最后一个来的同学是谁？

   （4）你们班说汉语说得最好的人是谁？汉字写得最漂亮的人是谁？
歌唱得最好的人是谁？

   （5）你现在上的什么课？看的什么书？

| 短文 | Passage | 妈，我做早饭吧 |

生词　**New Words**

| 1. 热 | rè | （动） | to heat |
| 2. 洒 | sǎ | （动） | to spill |

1. 听第一遍录音，用数字把事情发生的顺序标出来 Number the following happenings in the correct sequence after listening to the recording for the first time. ··· 15′38″ ▶

   _____ 手碰破了

   _____ 去厨房找牛奶

   _____ 打扫摔破的碗和洒了的牛奶

   _____ 吃面条

   _____ 碗摔破了

2. 听第二遍录音，选择正确答案 Choose the correct answers after listening to the recording for the second time. ·································· 17′14″ ▶

   （1）A. 星期天的早上   （2）A. 妈妈让他去做

        B. 星期天的中午   B. 他喜欢做饭

        C. 星期天的下午   C. 他觉得妈妈太辛苦了

        D. 星期天的晚上   D. 他想让妈妈知道他会做饭

（3）A. 孩子　　　　　　　　　　（4）A. 包子

B. 妈妈　　　　　　　　　　　　　B. 面包

C. 爸爸　　　　　　　　　　　　　C. 牛奶

D. 在外边买的　　　　　　　　　　D. 面条

3. 你觉得这个孩子怎么样？你在家做过饭吗？你第一次做饭的时候，做得怎么样？ What do you think of the child? Have you ever cooked before? If you have, how was your first cooking experience? ················· **19′48″** ▶

二	语音语调练习 Pronunciation and intonation	⎰⎱

■ 下列句子与你听到的是否一致 Judge whether the following sentences are the same as what you hear. ·························· **20′9″** ▶

1. Zhè háizi hěn lǎoshi. 　　　　　　　　　(　　)

2. Tā qùnián chūjià le. 　　　　　　　　　 (　　)

3. Nàr de fēngsú hěn qítè. 　　　　　　　 (　　)

4. Tāmen méiyǒu shíjiàn jīngyàn. 　　　　(　　)

5. Zhèyàng dehuà, tài fèishí le. 　　　　　(　　)

6. Shìqing fāshēng de tài tūrán le. 　　　 (　　)

7. Nǐmen liánxì le ma? 　　　　　　　　　 (　　)

8. Tā zhēn méiyǒu chūxí. 　　　　　　　　 (　　)

9. Zhè zhǒng dōngxi kěyǐ qùhuǒ. 　　　　(　　)

10. Tā shì ge bù kě duō dé de réncái. 　　(　　)

■ 听下列句子，标出停顿的位置（用 "丨" 表示）并跟读 Listen to the following sentences and mark the pauses with "丨". Then read after the recording. ······················· **21′53″** ▶

1. 我要买上个月的英文的《走进中国》杂志。

2. 这是他妈妈刚寄来的广州人最爱吃的月饼。

3. 小李借给我的很厚的那本词典呢？

4. 他在老师和全班 17 位同学跟前哭了。

5. 他是跟日本的一个贸易代表团一起坐飞机来的。

6. 我在海南岛的一个城市考察的时候见到了一位老朋友。

7. 这对那些总是丢三落四的人有好处。

8. 他汉语说得跟中国人说得一样好。

9. 他的房间布置得又漂亮又舒服。

10. 这篇论文写得比他以前写的那些都好。

课外练习
Homework

听下列短文，做练习 Listen to the following short passages and do the exercises.

短文（一） Passage 1   妻子丢了   23′52″ ▶

根据录音内容回答问题 Answer the questions according to the recording.

1. 这个人了解他的妻子吗？他对谁更了解？

2. 妻子的哪些情况他不知道？

3. 说一说那只狗的样子。

短文（二） Passage 2   自行车和汽车   25′26″ ▶

1. 根据录音内容选择正确答案 Choose the correct answers according to the recording.

A. 以前为什么说北京是一个"自行车的城市"

B. 人们为什么喜欢骑自行车

C. 人们为什么不喜欢坐公共汽车

D. 人们为什么不骑自行车呢

2. 根据录音内容回答问题 Answer the questions according to the recording.

（1）骑自行车有哪些好处？

（2）坐公共汽车有哪些不好的地方？

第九课 09

一	听力理解练习 Listening comprehension

一 听下列句子，选择正确答案 Listen to the following sentences and choose the correct answers. ·· 0′10″ ▶

1. A. 信是他同屋写的
   B. 他写信时同屋回来了
   C. 信寄到了
   D. 地址写得有问题

2. A. 他在办公室
   B. 他在家找到了钥匙
   C. 他回家时没带钥匙
   D. 钥匙不知道丢哪儿了

3. A. 他昨天买了书和光盘
   B. 他昨天去了书店和音像店
   C. 他在那儿只买了书
   D. 他只买了音像制品

4. A. 办公楼上边
   B. 办公楼下边
   C. 在电梯里
   D. 在楼梯上

5. A. 小王开错门了
   B. 小王没有家里的钥匙
   C. 邻居给小王开了门
   D. 小王在自己家门外睡了一晚上

6. A. 他还没离开书店
   B. 他要回书店去买光盘
   C. 他是一个人去的书店
   D. 他朋友不想跟他回去

7. A. 纸箱里放不用的东西
   B. 丽丽向别人要纸箱
   C. 别人帮丽丽放东西
   D. 丽丽把用的东西都放进去

8. A. 他们这个月要聚会
   B. 他们可以下个月再聚会
   C. 他们下个月去拍电影
   D. 他们不等小李回来

9. A. 他的钱包和护照丢了
   B. 他不知道钱包是谁的
   C. 他知道谁丢了钱包
   D. 他在电梯口捡到一个钱包

10. A. 在健身房运动很热
    B. 他运动得很热
    C. 他自己不去健身房
    D. 他也去健身房运动

二 听下列对话，选择正确答案 Listen to the following dialogues and choose the correct answers. ·········· 5′2″ ▶

1. A. 女的帮男的找眼镜
   B. 男的要看东西
   C. 女的知道眼镜在哪儿
   D. 女的看不清楚字

2. A. 女的的儿子今年五岁
   B. 女的的儿子五岁学习游泳
   C. 男的不想下水
   D. 男的喜欢在海水里游泳

3. A. 明天不用早起
   B. 现在睡觉太早
   C. 现在起床太早
   D. 离明天起床还早

4. A. 男的 100 块钱买的这件
      毛衣
   B. 他们是朋友
   C. 男的是卖东西的
   D. 这件毛衣卖了 150 块钱

5. A. 他们等了半个小时车了
   B. 他们先坐地铁，再换出
      租车
   C. 他们离地铁站比较远
   D. 女的不想坐出租车

6. A. 他们在商店
   B. 男的拿着很多东西
   C. 女的在家里
   D. 男的把东西放下了

7. A. 女的想知道吃晚饭的时间
   B. 女的想早点儿知道明天的
      活动
   C. 房间还没安排好
   D. 女的同意先回房间休息

8. A. 飞机飞不了了
   B. 男的不想去广州了
   C. 男的到广州了
   D. 男的不是坐早上的飞机

9. A. 两年
   B. 三年
   C. 四年
   D. 五年

10. A. 一个人丢了箱子
    B. 一个人丢了 800 美元
    C. 箱子的价钱
    D. 信封的颜色

三 听下列短文，做练习 Listen to the following short passages and do the exercises.

| 短文(一) | **Passage 1** | 自救的台阶 |

生词 New Words

1. 救	jiù	（动）	to help
2. 台阶	táijiē	（名）	step
3. 干	gān	（形）	dry
4. 井	jǐng	（名）	well
5. 毛驴	máolǘ	（名）	donkey
6. 埋	mái	（动）	to cover up
7. 铲	chǎn	（动）	to shovel
8. 土	tǔ	（名）	soil; earth
9. 落	luò	（动）	to drop
10. 背上	bèi shang		on the back
11. 抖	dǒu	（动）	to shake
12. 踩	cǎi	（动）	to step on; to trample

1. 听第一遍录音，判断正误 Decide whether the following statements are true or false after listening to the recording for the first time. ⸳⸳⸳⸳⸳⸳⸳⸳⸳⸳⸳⸳⸳⸳⸳⸳⸳⸳ **11'3"** ▶

（1）驴子是掉到井里的第一个动物。　　（　　）

（2）驴子太大了，人们拉不动它。　　（　　）

（3）驴子知道人们要把它埋了。　　（　　）

（4）驴子用埋它的土救了自己。　　（　　）

（5）驴子的做法是人们没想到的。　　（　　）

（6）这是一头聪明的驴子。　　（　　）

2. 听第二遍录音，选择正确答案 Choose the correct answers after listening to the recording for the second time. ⸱⸱⸱⸱⸱⸱⸱⸱⸱⸱⸱⸱⸱⸱⸱⸱⸱⸱⸱⸱⸱⸱⸱⸱⸱⸱⸱⸱⸱⸱⸱⸱⸱⸱⸱ **13′22″** ▶

（1）A. 觉得它老了，不想救它
　　B. 想办法把它拉出来
　　C. 只是听它叫，没有办法
　　D. 很快想出了救它的办法

（2）A. 它是一头安静的驴子
　　B. 它大声叫是想让人们注意它
　　C. 它站到了很高的地方

　　　　　　D. 它会自己想办法

（3）A. 有困难不要怕，应该自己想法克服
　　B. 困难就是自己
　　C. 别人有困难时应该帮助他
　　D. 有困难时应该找人帮助

| 短文（二） Passage 2 | 日本人？ 中国人？ |

生词　New words

1. 肯定	kěndìng	（副）	definitely; undoubtedly
2. 名片	míngpiàn	（名）	business card; name card
3. 电梯	diàntī	（名）	lift; elevator
4. 华人	huárén	（名）	Chinese
5. 祖先	zǔxiān	（名）	ancestry; ancestor
6. 纯	chún	（形）	pure; unmixed

1. 听第一遍录音，判断正误 Decide whether the following statements are true or false after listening to the recording for the first time. ⸱⸱⸱⸱⸱⸱⸱⸱⸱⸱⸱⸱⸱⸱⸱⸱⸱⸱⸱⸱ **16′49″** ▶

（1）他不像日本人。　　　　　　　　　　　　（　　）
（2）他在日本公司见到的那个人是中国人。　　（　　）
（3）他们俩因为自己都是日本人才笑。　　　　（　　）
（4）电梯服务员不相信他是日本人。　　　　　（　　）

2. 听第二遍录音，选择正确答案 Choose the correct answers after listening to
   the recording for the second time. ·························· 19′5″ ▶

   （1）A. 刚来中国的时候
        B. 在中国两年多的时间里
        C. 有一次去日本公司时
        D. 有一次去日本餐厅时

   （2）A. 聊天儿
        B. 看对方的样子
        C. 换名片
        D. 互相介绍

   （3）A. 日本公司里
        B. 电梯里
        C. 电梯外边

        D. 日本餐厅里

   （4）A. 因为别人不相信他是日本
           人
        B. 因为他为祖先而高兴
        C. 要说明为什么他的日语很
           好
        D. 因为别人问起他的祖先

   （5）A. 长的样子
        B. 说的汉语
        C. 样子和说话
        D. 眼睛

3. 回答问题 Answer the questions. ····························· 22′50″ ▶

   （1）他常常遇到什么问题？
   （2）是不是只有中国人才看不出他是哪国人？
   （3）遇到这样的问题时他是怎么做的？

4. 复述这篇短文 Retell the short passage. ····················· 23′12″ ▶

二	语音语调练习 Pronunciation and intonation	⎍⎍⎍

一 听后标出画线词语的声调 Add the tonal marks to the *pinyin* of the under-
lined words after listening to the recording. ············· 23′24″ ▶

  1. Tā de <u>xianqi</u> duì tā zuò zhè zhǒng gōngzuò yìdiǎnr yě bù
    <u>xianqi</u>.

  2. Zhè cì jūnshì yǎnxí <u>sheji</u> cónglín zuòzhàn hé shídàn <u>sheji</u>.

  3. Zhè wèi <u>shiren</u> de yōuměi shījù shì <u>shiren</u> jiē zhī de.

4. Pínglùnjiā zài wénzhāng zhōng <u>san wen</u> nà piān <u>sanwen</u> zuòzhě lìyì hé zài.

5. Wáng xiǎojiě měi tiān bànzhe <u>ru meng</u> de fāngxiāng <u>ru meng</u>.

6. Zuò shì chénggōng yào kào tiānshí、dìlì、<u>renhe</u> zhè jù huà zài <u>renhe</u> shíhou wǒ dōu bù huáiyí.

7. Tā zàicì bèi <u>renao</u> de rénqún <u>renao</u> le.

8. Zhìjīn méi zhǎodào <u>anshen</u> de dìfang, zěnme néng ràng wǒ <u>anshen</u> xiūxi?

9. Qiángliè de <u>anshui</u> wèir ràng bìngrén wúfǎ <u>anshui</u>.

10. <u>Anli</u> shuō zhège <u>anli</u> bú shìhé xiějìn jiàocái.

二 听下列句子，根据句重音提问 Listen to the following sentences. Ask a question about the part of the sentence that is stressed. ·············· **25′15″**

1.	2.	3.	4.	5.
6.	7.	8.	9.	10.

课外练习
Homework

1. 听短文，做练习 Listen to the following short passage and do the exercises.
·· **26′42″**

短文 Passage 国名的来历

生词 New Words

1. 捕	bǔ	（动）	to catch
2. 龙虾	lóngxiā	（名）	lobster
3. 锅	guō	（名）	pot; wok

专有名词 **Proper Nouns**

1. 中非	Zhōngfēi	Middle Africa
2. 西非	Xīfēi	West Africa
3. 东非	Dōngfēi	East Africa
4. 喀麦隆	Kāmàilóng	Cameroon
5. 几内亚	Jǐnèiyà	Guinea
6. 吉布提	Jíbùtí	Djibouti

根据录音，把相关内容用线连接起来 Connect the relevant parts with a line according to the recording.

喀麦隆   锅

几内亚   女人

吉布提   龙虾

2. 找两个中国学生，询问一下他们上大学以前和上大学以后的学习生活，下次上课时说一说 Ask two Chinese students about their school life before and after entering the university. Report it in the next class. ⸱⸱⸱⸱⸱⸱⸱⸱⸱⸱⸱⸱⸱ **28′56″** ▶

Lesson 10

第十课 10

一 | 听力理解练习
Listening comprehension

一 听下列句子，选择正确答案 Listen to the following sentences and choose the correct answers. ·· 0′10″ ▶

生词　New Word

| 去世 | qùshì | （动） | to pass away |

1. A. 衣服还没洗
   B. 衣服在柜子里
   C. 衣服在床上
   D. 衣服在柜子上

2. A. 介绍了一个家
   B. 介绍了这里的布置
   C. 介绍了地上的东西
   D. 介绍了名画和花

3. A. 个子不太高，不戴眼镜的
   B. 个子高高的，戴眼镜的
   C. 个子高高的，不戴眼镜的
   D. 个子不高，戴眼镜的

4. A. 他不应该穿西服
   B. 问天气热穿不穿西服
   C. 天气热也要穿西服
   D. 天气不热，别穿西服

5. A. 红色
   B. 白色
   C. 穿红的、穿白的都可以
   D. 新郎穿红的

6. A. 在会议室里边
   B. 在会议室外边
   C. 在车里
   D. 在教室里

7. A. 喝酒的人
   B. 穿灰衣服的人
   C. 西服上戴花的人
   D. 正在要酒的人

8. A. 经理只参加了一半的会
   B. 经理没参加会
   C. 整个会经理都参加了
   D. 昨天的会没有开

9. A. 去朋友家

   B. 参加朋友的婚礼

   C. 去广州出差

   D. 去广州的朋友家

10. A. 桌子上

    B. 书架上

    C. 图书馆

    D. 书桌里

二 听下列对话，选择正确答案 Listen to the following dialogues and choose the correct answers. ⋯⋯⋯⋯⋯⋯⋯⋯⋯⋯⋯⋯⋯⋯⋯⋯⋯⋯⋯⋯ 4′45″ ▶

1. A. 去考研究生了

   B. 去公司工作了

   C. 去找工作了

   D. 研究生毕业了

2. A. 很高兴，能买到东西

   B. 很生气，买不到东西

   C. 太着急，买不到合适的东西

   D. 不着急，可以慢慢试

3. A. 男人和女人一样辛苦

   B. 同意男的的意见

   C. 男人比女人有社会地位

   D. 认为男人比女人长得高

4. A. 这里不是 207 办公室

   B. 姓张的人不在 207 办公室工作

   C. 男的找错办公室了

   D. 女的说的不是 207 办公室

5. A. 妹妹像爸爸

   B. 妹妹像妈妈

   C. 她们俩长得有点儿像

   D. 姐姐像妈妈

6. A. 会议室里

   B. 饭馆里

   C. 家里

   D. 办公室里

7. A. 开车去一个地方

   B. 走路去一个地方

   C. 问路

   D. 学开车

8. A. 在学校学习

   B. 在学校教书

   C. 在日本公司工作

   D. 想要去日本公司

9. A. 丢钱了

   B. 男朋友给的生日礼物丢了

   C. 因为一点儿小事

   D. 把男朋友的钱包弄丢了

10. A. 他们在说一个同学

    B. 男的在跟妈妈说话

    C. 男的的一个女同学跟女的姐姐很像

    D. 主持人很像同学的姐姐

三 听对话和短文，做练习 Listen to the dialogue and the short passage and do the following exercises.

| 对话 | Dialogue | 好心不一定有好报 |

生词　New Words

1. 报	bào	（名）	repayment; reciprocation
2. 戒	jiè	（动）	to quit
3. 公共	gōnggòng	（形）	public
4. 场所	chǎngsuǒ	（名）	place
5. 抽	chōu	（动）	to smoke
6. 快乐	kuàilè	（形）	happy; joyful
7. 好处	hǎochu	（名）	advantage; benefit
8. 作家	zuòjiā	（名）	writer
9. 自由	zìyóu	（形）	free
10. 选择	xuǎnzé	（动）	to choose

1. 听第一遍录音，判断正误 Decide whether the following statements are true or false after listening to the recording for the first time. ·················· 11′3″ ▶

（1）女的想让男的戒烟。　　　　　　（　　）
（2）男的想戒烟，但不容易戒。　　　（　　）
（3）女的爸爸因病戒了烟。　　　　　（　　）
（4）男的是作家。　　　　　　　　　（　　）
（5）男的觉得别人不应该让他戒烟。（　　）

2. 听第二遍录音，选择正确答案 Choose the correct answers after listening to the recording for the second time. ························· 12′58″ ▶

（1）A. 他们身体不好
　　　B. 别人不让他们抽烟
　　　C. 公共场所不让抽烟了
　　　D. 没听说抽烟有什么好处

（2）A. 抽烟是快乐的事
　　　B. 抽烟对身体不好
　　　C. 抽烟可以写出好文章
　　　D. 抽烟是自己的事

（3）A. 男的不想结婚

      B. 男的不想离婚

      C. 男的不想戒烟

      D. 男的不想抽烟

3. 听了这段录音，你有什么想法？What do you think after listening to the recording? ·· 15′44″ ▶

短文　Passage　**大树的爱情**　15′51″ ▶

生词　New Words

1. 下工夫	xià gōngfu		to work hard; to work with dedication; to put in time and energy
2. 校园	xiàoyuán	（名）	campus
3. 分别	fēnbié	（动）	to part; to leave; to say goodbye
4. 眼前	yǎnqián	（名）	at this moment; at present

听后判断正误 Listen to the recording and decide if the sentences are true or false.

  1. 大树和燕子上学的时候离得很远。   （   ）

  2. 上大学的时候，大树每天都给燕子写信。   （   ）

  3. 开学以前大树来接燕子回学校。   （   ）

  4. 大学毕业后燕子去了男朋友老家所在的城市。 （   ）

  5. 上学的时候大树比较胖。   （   ）

  6. "我"去大树家时他们还没起床。   （   ）

  7. 大树他们没有孩子是因为他们工作一直很忙。（   ）

  8. 燕子永远离开了大树。   （   ）

<table>
<tr><td>二</td><td>语音语调练习
Pronunciation and intonation</td></tr>
</table>

听后标出画线词语的声调 Add tonal marks to the *pinyin* of the underlined words after listening to the recording. ·· **19′32″** ▶

1. Zhège jiaoshi de kǒucái méiyǒu nàge jiaoshi de hǎo.

2. Tā nǎozi li chōngmǎnle huanxiang hé huanxiang.

3. Tā fāchū tiǎozhànshū hòu xīwàng dédào huiying, kěshì hái méiyǒu huiyin.

4. Tā gāochāo de yishu shuǐpíng hé tā de yishu yíyàng lìng rén pèifu.

5. Tā zhèng chǔyú qiu zhi hé qiu zhi jiēduàn.

6. Zhè wèi yisheng de yisheng hěn xìngfú.

7. Tā hěn huáiniàn cóngqián qingjing de qingjing.

8. Zhège yexiao de yexiao zuò de hěn hǎo.

9. Nǐ shì cōngming yi shi, hútu yi shi.

10. Da xue guòhòu, Běijīng Daxue de jǐngsè měijí le.

<table>
<tr><td>课外练习
Homework</td><td></td></tr>
</table>

1. **听短文，做练习** Listen to the short passage and do the following exercises.
·· **21′59″** ▶

生词　New Words

1. 动物园	dòngwùyuán	（名）	zoo
2. 面积	miànjī	（名）	area
3. 观众	guānzhòng	（名）	audience; spectator
4. 吹	chuī	（动）	to blow; to boast; to puff
5. 口琴	kǒuqín	（名）	harmonica
6. 按摩	ànmó	（动）	to massage
7. 老虎	lǎohǔ	（名）	tiger

专有名词 **Proper Nouns**

1. 河北省	Héběi Shěng	Hebei Province
2. 杭州	Hángzhōu	Hangzhou, the capital of Zhejiang Province

（1）在下列表格中填上数字 Fill in the form with the right numbers.

表演区的面积	平方米
表演馆建筑面积	平方米
表演馆的座位数	个
建造表演馆花的钱	万元

（2）回答问题 Answer the question.

最早要在这个表演馆表演的动物有哪些？

2. 找一个中国朋友，问问他是不是常常去书店，他是否喜欢看书，喜欢看什么书，下次课在课堂上说一说 Ask a Chinese friend if he often goes to bookstores, and what kind of books he likes. Report it in the next class.

··· **23′56″** ▶

Lesson **11**

第十一课 11

一	听力理解练习 Listening comprehension

一 听下列句子，选择正确答案 Listen to the following sentences and choose the correct answers. ·· 0′10″ ▶

1. A. 他们要坐 484 路车
   B. 这辆车很快
   C. 车上有人
   D. 他们不坐 484 路车

2. A. 她告诉对方怎么锻炼
   B. 她让对方看她锻炼
   C. 对方现在身体不太好
   D. 不忙的时候应该锻炼

3. A. 她的家
   B. 她家院子里的苹果树
   C. 秋天
   D. 树上结苹果了

4. A. 父亲或母亲
   B. 朋友
   C. 老师
   D. 同学

5. A. 她是年轻人
   B. 她年纪大了
   C. 什么人过圣诞节没有说
   D. 怎么过圣诞节

6. A. 找书
   B. 找人
   C. 找人帮忙
   D. 找小王

7. A. 她去南方时，朋友来了
   B. 她去南方住朋友家
   C. 那人的朋友可以住她家
   D. 她的朋友要住她家

8. A. 他们也不用笔写信了
   B. 他们还用笔写信
   C. 她也喜欢发电子邮件
   D. 写信的人越来越少了

9. A. 搬走的那家女的长得漂亮
    B. 搬家的事情
    C. 新邻居
    D. 在哪儿见面

10. A. 时间太晚了，她不能等了
    B. 她想知道那个人暑假去哪儿
    C. 她想知道买几张票
    D. 她想知道谁跟他们去

二 听下列对话，选择正确答案 Listen to the following dialogues and choose the correct answers. ·············· 4′46″ ▶

1. A. 在医院
   B. 在家
   C. 刚进医院
   D. 刚出医院

2. A. 便宜，离学校也近
   B. 不好，但是比较方便
   C. 又方便又好
   D. 不方便也不好

3. A. 山田现在还不知道交钱
      这事
   B. 山田今天交完钱了
   C. 女的应该给山田交钱
   D. 山田忘了交钱了

4. A. 女的现在在她家的门外边
   B. 女的现在在别人家
   C. 女的现在在家里
   D. 女的在找钥匙

5. A. 他们俩不是一个地方的人
   B. 约翰第一次感冒
   C. 约翰不喜欢这儿的气候
   D. 女的问约翰为什么感冒

6. A. 问路的和行人
   B. 饭馆服务员和吃饭的人
   C. 饭店服务员和想住店的人
   D. 介绍饭店的人和想住店的
      人

7. A. 海南
   B. 东南亚
   C. 两个地方都可以
   D. 哪儿都不想去

8. A. 再也不想吃羊肉了
   B. 她的胃不舒服
   C. 出差时可以吃个够
   D. 还想去出差的地方吃羊肉

9. A. 地上
   B. 戴着呢
   C. 包里
   D. 眼镜盒里

10. A. 他不想早起
    B. 他不喜欢那个房间
    C. 那个房间对女的合适
    D. 女的想换房间

三 听对话和短文，做练习 Listen to the dialogue and the short passage. Do the following exercises.

对话 Dialogue 儿子的初恋

生词 New Words

1. 期中	qīzhōng	（名）	mid-term
2. 名	míng	（名）	standing
3. 期末	qīmò	（名）	end of the term
4. 递	dì	（动）	to give; to pass
5. 条子	tiáozi	（名）	slip of paper
6. 女生	nǚshēng	（名）	schoolgirl
7. 骗	piàn	（动）	to cheat
8. 分手	fēnshǒu	（动）	to break up
9. 隔壁	gébì	（名）	next door
10. 重要	zhòngyào	（形）	important

专有名词 Proper Nouns

1. 小婉	Xiǎo Wǎn	name of a girl
2. 小玲	Xiǎo Líng	name of a girl

1. 听第一遍录音，判断正误 Decide whether the following statements are true or false after listening to to the recording for the first time. ·············· **10′54″** ▶

（1）因为儿子这次考试不好，妈妈跟他谈话。　　　　（　　）

（2）儿子没递条子。　　　　（　　）

（3）妈妈已经知道儿子喜欢他们班的一个女生。　　　　（　　）

（4）儿子谁都不喜欢。　　　　（　　）

（5）儿子现在没有女朋友。　　　　（　　）

（6）儿子喜欢的女同学以前是他的邻居。　　　　（　　）

（7）他喜欢的那个女同学现在就在他的班里。　　（　　）

（8）妈妈希望孩子只学习，不要交女朋友。　　（　　）

2. 听第二遍录音，选择正确答案 Choose the correct answers after listening to the recording for the second time. ·········· **12′46″** ▶

（1）A. 有这事，但是我不关心
　　　B. 有这事，我没做
　　　C. 这事不重要
　　　D. 我管不了这事

（2）A. 相信
　　　B. 不相信
　　　C. 随便问问
　　　D. 你怎么一个都不喜欢

（3）A. 第一个"她"没有第二个"她"好
　　　B. 第一个"她"比第二个"她"好
　　　C. 这个"她"也没那个"她"好
　　　D. 两个都差不多

3. 试着用下面这些句式说句子 Try to make sentences with the following sentence patterns. ·········· **15′25″** ▶

就没有……的？
行了，你可……
……也没什么

短文　Passage　旅游广告三则　**15′30″** ▶

生词　New Words

| 1. 三星级酒店 | sānxīngjí jiǔdiàn | Three-star hotel |
| 2. 有意者 | yǒuyì zhě | interested candidate |

听后判断正误 Listen to the recording and decide if the sentences are true or false.

（1）这个旅行团将去四个城市。　　（　　）

（2）去日本旅游每位交人民币 7500 元。　　（　　）

（3）春秋旅行社组织去韩国旅游。　　（　　）

（4）去韩国的旅游团住四星级酒店。 （ ）

（5）前两个旅行团都乘飞机。 （ ）

（6）老人团是为60岁以上的老人组织的。 （ ）

（7）老人团里有医生。 （ ）

（8）春秋旅行社的电话是010－63108808。 （ ）

（9）三个旅游广告里有一个是在中国国内旅游的。 （ ）

二 | 语音语调练习
Pronunciation and intonation

一 听后选择你听到的句子 Choose the sentences you hear. ········· 18′9″ ▶

1. A. Méiyǒu rén gǎn pèng zhège hēi xiázi.
   B. Méiyǒu rén gǎn pèng zhège hēi xiāzi.

2. A. Yì zhī cāngying luò zài kū shù shang.
   B. Yì zhī cāngyīng luò zài gǔ shù shang.

3. A. Zhèyàng de jiéguǒ tài kěyǐ le.
   B. Zhèyàng de jiéguǒ tài kěxī le.

4. A. Jǐnggào gè wèi búyào wàichū.
   B. Jìnggào gè wèi búyào wāiqū.

5. A. Tā qīngchūn de múyàng shífēn kě'ài.
   B. Tā qīngchún de múyàng shífēn kě'ài.

6. A. Wǎngluò tōngxìn shì yí ge xīnxīng hángyè.
   B. Wǎngluò tōngxìn shì yí ge xīnxíng hángyè.

7. A. Tā liǎojiě jiāxiāng de xīngwáng.
   B. Tā liǎojiě jiāxiāng de xīngwàng.

8. A. Wǒmen yìqí chàng ba.
   B. Wǒmen yìqǐ chàng ba.

9. A. Zhàolǐ tā gāi zhèyàng zuò.

   B. Zhàolì tā gāi zhèyàng zuò.

10. A. Zhège bānjí qǔxiāo le.

    B. Zhège bānjī qǔxiāo le.

二 听下列句子，根据重音提问 Listen to the following sentences. Ask a question about the part of the sentence that is stressed. ············ 19'57" ▶

   1.　　　　2.　　　　3.　　　　4.

   5.　　　　6.　　　　7.　　　　8.

课外练习
Homework

听下列短文，做练习 Listen to the following short passages and do the exercises.

短文（一）　Passage 1　猫头鹰也需要文化　21'12" ▶

听短文（一），书面回答问题 Listen to passage 1 and write your answers.

   1. 这件事是什么时候发生的？　_____

   2. 猫头鹰来做什么？　_____

   3. 猫头鹰来过几次？　_____

   4. 后来的情况怎么样？　_____

短文（二）　Passage 2　精神科医师　22'47" ▶

听短文（二），书面回答问题 Listen to passage 2 and write your answer.

   你认为正确的回答是什么？　_____

Lesson 12

第十二课 12

<table>
<tr><td>一</td><td>听力理解练习
Listening comprehension</td></tr>
</table>

一 听下列句子，选择正确答案 Listen to the following sentences and choose the correct answers. ·· 0'10"

1. A. 她家正在打扫房子
   B. 她家春节打扫了房子
   C. 快过春节了
   D. 她妈说她家房子不干净

2. A. 小李还没有房子
   B. 小李的房子很漂亮
   C. 小李要布置房子了
   D. 这是小李告诉她的

3. A. 他们要庆祝两次生日
   B. 这两天他们要给朋友过生日
   C. 23 号他们给两个朋友过生日
   D. 21 号和 25 号他们给朋友过生日

4. A. 现在这里有 20 个学生
   B. 10 年前这里学生多

   C. 现在学生越来越多了
   D. 现在学生越来越好了

5. A. 下星期六她要请假搬家
   B. 她请搬家公司来搬家
   C. 朋友来帮她搬家
   D. 她上星期六刚搬了家

6. A. 这个房间不好
   B. 她想在墙上挂一个表
   C. 让一个人来她家
   D. 她买表很不方便

7. A. 昨天买的东西都送来了
   B. 今天送来两件东西
   C. 明天送三件东西
   D. 还有两件东西没送

8. A. 小李会收到说话人的信
   B. 小赵会收到说话人的信
   C. 小李会收到小赵的信
   D. 她还在看信呢

9. A. 开窗户时花自己掉了
   B. 她把花碰掉了
   C. 别人把花碰掉了
   D. 刚才窗户开着呢

10. A. 我不用去交作业了
    B. 你不应该来
    C. 你来我很高兴
    D. 你给我送作业来了

二 听下列对话，选择正确答案 Listen to the following dialogues and choose the correct answers. ·························· 5′1″ ▶

1. A. 准备考试
   B. 上课
   C. 陪父母旅行
   D. 去看父母

2. A. 他这样做不对
   B. 不让他问
   C. 问他什么时候学习
   D. 女的不想问

3. A. 麦克到了
   B. 门上有一个"福"字
   C. 他们不知道怎么贴
   D. 女的没听懂男的的话

4. A. 桂林
   B. 桂林和桂林附近的地方
   C. 还没决定
   D. 离桂林比较近的地方

5. A. 一个人买衣服的情况
   B. 一个人选丈夫的情况
   C. 一个人洗衣服的情况
   D. 应该怎样选衣服

6. A. 女的给那人打了两次电话
   B. 男的忘了给那人打电话
   C. 女的现在打不了电话
   D. 女的要那人办公室的电话号码

7. A. 现在正在下雪
   B. 雪已经停了
   C. 车很慢，男的很着急
   D. 男的要去饭店等客人

8. A. 女的丢了东西
   B. 男的手机丢了
   C. 男的包丢了
   D. 那个人不知道去哪儿了

9. A. 男的带了照相机
   B. 男的知道女的的邮箱
   C. 女的可以自己照相
   D. 女的今天晚上给男的发邮件

10. A. 今天有客人
    B. 男的过生日
    C. 女的过生日
    D. 女的把生日忘了

三 听下列短文，做练习 Listen to the following short passages and do the exercises.

短文（一） Passage 1　家　访

生词　New Words

1. 家访	jiāfǎng	（动）	to visit the parents of schoolchildren
2. 书架	shūjià	（名）	bookshelf
3. 小说	xiǎoshuō	（名）	fiction; novel
4. 人物	rénwù	（名）	personage; figure
5. 计划	jìhuà	（名）	plan; project
6. 催	cuī	（动）	to urge somebody to do something
7. 期间	qījiān	（名）	period; session
8. 拒绝	jùjué	（动）	to refuse
9. 丑	chǒu	（形）	ugly
10. 新娘	xīnniáng	（名）	bride

专有名词　Proper Nouns

1. 雨果	Yǔguǒ	Hugo, a French writer
2. 新华书店	Xīnhuá Shūdiàn	Xinhua Bookstore

1. 听第一遍录音，判断正误 Decide whether the following statements are true or false after listening to the recording for the first time. ·················· **11′5″** ▶

　（1）小李去过 50 个学生的家。　　　　　　　　　　　（　　）

　（2）他在书店认识了一个姑娘。　　　　　　　　　　　（　　）

　（3）小李去那家书店等那个姑娘。　　　　　　　　　　（　　）

　（4）小李还没忘记应该去家访。　　　　　　　　　　　（　　）

　（5）第 51 个学生的家长在小李家访时想把女儿介绍给他。（　　）

　（6）他又见到那个姑娘时，那个姑娘已经结婚了。　　　（　　）

　（7）那个姑娘长得不漂亮。　　　　　　　　　　　　　（　　）

2. 听第二遍录音，选择正确答案 Choose the correct answers after listening to the recording for the second time. ·············· 14′1″ ▶

（1）A. 家访

B. 逛书店

C. 逛书店和家访

D. 工作

B. 他休息的时候就在小城里看风景

C. 他不想去那个学生家

D. 他工作太忙，没有时间去家访

（2）A. 那个姑娘长得很漂亮

B. 那个姑娘是他认识的第一个姑娘

C. 那个姑娘也喜欢雨果的小说

D. 那个姑娘是他学生的姐姐

（4）A. 他如果去第51个学生家家访就能见到那位姑娘

B. 他又在那个书店见到了那位姑娘

C. 他要是见了学生的姐姐就能见到那位姑娘

D. 他后来没去家访又见到了那位姑娘

（3）A. 他休息的时候都去书店了

3. 说一说如果小李老师去第51个学生家家访的话，那个学生的姐姐会不会做他的女朋友 Discussion：If Xiao Li had visited the 51st student's home, would the student's sister be his girl friend? ·············· 17′45″ ▶

短文（二） Passage 2　　害怕你的"热吻"　　18′ ▶

听后简单回答问题 Listen to the recording and answer the questions briefly.

1. 这段话里说了几种文化？

2. "我害怕你的热吻"是什么意思？

短文（三） Passage 3　　用筷子的好处　　18′50″ ▶

听后判断正误 Listen to the passage and decide if the sentences are true or false.

（1）这个调查介绍哪个地方的人使用汉字和筷子。　　（　　）

（2）学会汉字和使用筷子对孩子的成长很好。　　（　　）

（3）使用汉字和筷子的国家经济发展得快。　　　（　　）

| 二 | 语音语调练习 Pronunciation and intonation | ⟍W⟍ |

一 听后标出画线词语的声调 Listen to the recording and mark the tones of the underlined words with correct tones. ················· **20'3"** ▶

1. Wǒ xǐhuan hongshu, yě xǐhuan hong shu.

2. Nǐ kěyǐ fangzhao zhège yàngzi fangzao yí jiàn.

3. Zhè běn shu li de shu tài duō, tài máfan.

4. Da'an jiù zài zhè qǐ da'an zhōng zhǎo.

5. Tā wèi zhège jizi jizi shí wàn kuài qián.

6. Dānwèi jiyule tā hěn nándé de jiyu.

7. Tā jiǎngwán tā de jiashi, yòu jiǎng jiashi.

8. Nǐ shuō jia hua, zhè bú shì jia hua.

9. Zhè jiàn yīfu de jiaqian méiyǒu le, wǒ bù zhīdào jiaqian.

10. Nǐ bǎ nà běn shū jiaohuan gěi wǒ yǐhòu, wǒmen kěyǐ jiaohuan.

二 听下列句子，注意句中的停顿，并说出你对句子的理解 Listen to the following sentences. Pay attention to the pause of the sentence and tell your understanding of the sentences. ···················· **22'23"** ▶

1.　　　　2.　　　　3.　　　　4.

5.　　　　6.　　　　7.　　　　8.

课外练习 Homework

听下列短文，做练习 Listen to the short passages and do the following exercises.

短文（一） Passage 1 领带的问题

生词 New Words

1. 沙漠	shāmò	（名）	desert
2. 推销员	tuīxiāoyuán	（名）	salesman
3. 劝	quàn	（动）	to advise; to persuade
4. 小镇	xiǎozhèn	（名）	small town

1. 听第一遍录音，判断正误 Decide whether the following statements are true or false after listening to to the recording for the first time. ⋯⋯⋯⋯⋯⋯⋯ 24′ ▶

   （1）这个人在沙漠里走了一天。　　　　（　　）

   （2）他走出沙漠时遇到了一位推销员。（　　）

   （3）他没买领带。　　　　　　　　　　（　　）

   （4）服务员给他水喝了。　　　　　　　（　　）

   （5）服务员没让他进去。　　　　　　　（　　）

2. 听第二遍录音，回答问题 Answer the questions after listening to the recording for the second time. ⋯⋯⋯⋯⋯⋯⋯⋯⋯⋯⋯⋯⋯⋯⋯⋯ 25′26″ ▶

   （1）他不买领带的原因是什么？

   （2）最后这个人最有可能说什么？

短文（二） Passage 2 加班准备 26′53″ ▶

听录音，下次上课时复述这个笑话 Listen to the joke and retell it in the next class.

Lesson 13

第十三课 13

┌─────┬────────────────────────────────────┐
│ 一 │ 听力理解练习   │
│   │ Listening comprehension   │
└─────┴────────────────────────────────────┘

一 听下列句子，选择正确答案 Listen to the following sentences and choose the correct answers. ·· 0'10"▶

1. A. 现在去机场有点儿早
   B. 应该早去机场
   C. 办手续以后再去机场
   D. 现在办手续还有时间

2. A. 照相机现在不能用了
   B. 电池该没电了
   C. 他在找照相机
   D. 他需要帮助

3. A. 买票
   B. 打公用电话
   C. 换硬币
   D. 买卡

4. A. 坐飞机的人
   B. 坐车的人
   C. 开车的人
   D. 学生

5. A. 售票处里
   B. 售票处外
   C. 飞机上
   D. 火车上

6. A. 新华书店在哪儿
   B. 去哪儿玩儿
   C. 去哪儿买那本书
   D. 去别的地方玩儿也可以

7. A. 这个人现在很着急
   B. 说话的人是乘客
   C. 起飞前十分钟可以登机
   D. 再不登机就晚了

8. A. 他现在的房子虽然远，但便宜
   B. 他搬家了
   C. 他不在那个公司工作了
   D. 他找到了又近又便宜的房子

9. A. 有人要带液体的东西乘
飞机
B. 一个人在买液体的东西
C. 机场的人告诉他应该怎
么做
D. 他在问机场的规定

10. A. 书在书架最上面
B. 书在书架里
C. 书没有了
D. 书很容易找

二 听下列对话，选择正确答案 Listen to the following dialogues and choose the correct answers. ·········· 4′40″ ▶

1. A. 女的丢了登机牌
B. 女的拿着登机牌
C. 男的帮她找登机牌
D. 男的拿着登机牌

2. A. 北方人的习惯
B. 跟南方人一样
C. 喜欢吃面食
D. 南北方习惯都有

3. A. 人们排队买东西
B. 很多人排队看展览
C. 每次展览人都这么多
D. 以前这里也办过西藏文
化展

4. A. 男的的爱好
B. 男的的工作
C. 谈旅游
D. 谈摄影

5. A. 这个体育馆是最现代化的
B. 问女的去没去过"鸟巢"
C. "鸟巢"比这个体育馆
更现代化
D. 北京有很多现代化的体
育馆

6. A. 他上星期感冒了
B. 他嗓子不疼了，但还咳嗽
C. 他可能没坚持吃药
D. 他的病变成慢性的了

7. A. 女的今天没戴眼镜
B. 女的今天跟平常不一样
C. 问女的什么时候去买眼镜
D. 问女的什么时候买的眼镜

8. A. 他们今天不吃烤鸭了
B. 男的想吃烤鸭
C. 女的想换口味
D. 另外两个人只吃烤鸭

9. A. 女的丈夫因车祸受伤了
B. 女的丈夫车开得不错
C. 男的一个朋友发生车祸了
D. 男的那个朋友很怕坐飞机

10. A. 女的要把花瓶拿走
B. 花瓶还放在地上
C. 男的不小心把花瓶碰倒了
D. 花瓶放在不容易碰到的地方

三 听对话和短文，做练习 Listen to the dialogue and short text and do the following exercises.

对话 Dialogue　父母谈孩子的培养

生词　New Words

1. 平均	píngjūn	（动）	average
2. 门	mén	（量）	*a measure word for subjects*
3. 培养	péiyǎng	（动）	to bring up; to cultivate
4. 幼儿园	yòu'éryuán	（名）	kindergarten
5. 小学	xiǎoxué	（名）	elementary school
6. 中学	zhōngxué	（名）	middle school
7. 高中	gāozhōng	（名）	high school
8. 辅导	fǔdǎo	（动）	to tutor

1. 听第一遍录音，判断正误 Decide whether the following statements are true or false after listening to the recording for the first time. ·················· **10′49″** ▶

（1）安平的孩子今年小学毕业。　　　　　　　　　　（　　）

（2）上中学分数不重要。　　　　　　　　　　　　　（　　）

（3）安平想交钱让儿子上好学校。　　　　　　　　　（　　）

（4）好的中学最多要交六万块钱。　　　　　　　　　（　　）

（5）安平靠自己的工资可以让孩子上好学校。　　　　（　　）

（6）安平希望孩子以后能上大学。　　　　　　　　　（　　）

（7）上大学以后，家长可以不再给孩子花钱了。　　　（　　）

（8）安平的孩子上了一个英语辅导班。　　　　　　　（　　）

（9）刘静还没有孩子。　　　　　　　　　　　　　　（　　）

2. 听第二遍录音，选择正确答案 Choose the correct answers after listening to the recording for the second time. ·················· 13′8″ ▶

（1） A. 都要花钱

    B. 分数不够要花钱

    C. 上好中学每人都要交钱

    D. 上中学都不用花钱

（2） A. 两三万

    B. 四五万

C. 五六万

D. 六万以上

（3） A. 靠他们的工资

    B. 靠借别人的钱

    C. 靠自己的钱和借钱

    D. 靠向银行借钱

短文 **Passage** 礼 物 16′ ▶

生词 **New Word**

| 液体 | yètǐ | （名） | liquid |

听后判断正误 Listen to the passage and decide if the sentences are true or false.

1. 幼儿园的每个孩子都送老师礼物了。   （   ）

2. 前两个孩子的礼物老师都猜对了。   （   ）

3. 第三个孩子的爸爸是酒厂经理。   （   ）

4. 老师猜最后一个礼物是一只猫。   （   ）

| 二 | 语音语调练习 Pronunciation and intonation | ⟋⋏⋎⋏⋎⟍ |

听后标出画线词语的声调 Listen to the recording and mark the tones of the underlined words. ················· 18′ ▶

1. <u>Xiao Gou</u> lánzhùle <u>xiao gou</u> de qùlù.

2. <u>Songshu</u> shang yǒu yì zhī <u>songshu</u> zài tiàodòng.

3. Tā de <u>guohua</u> zhōng huà de <u>guohua</u> fēicháng shēngdòng.

4. Tā jiǎng de guihua chúncuì shì guihua.

5. Nǐ gongzi de gongzi kǒngpà dōu bǐ nǐ de gāo ba?

6. Nǐ duì tā de gaojian yǒu shénme gaojian?

7. Rénmen kuājiǎng de shì nǐ de huar, bú shì nǐ de huar.

8. Zhè háizi hen guai, dàn yě hen guai.

9. Nǐ gan gan ma?

10. Zhèyàng zuò yòu fei shi, yòu fei shi.

二 听下列句子，注意句中的停顿，并说出你对句子的理解 Pay attention to the pause of the sentence and tell your understanding of the sentence.
··· 20′6″ ▶

1.　　　　2.　　　　3.　　　　4.

5.　　　　6.　　　　7.　　　　8.

课外练习
Homework

1. 边听天气预报边记录相关数字，下次上课时复述 Make notes while you listen to the weather report and retell it in the next class. ············· 21′30″ ▶

2. 请两个中国朋友向你介绍一下你所在城市冬天的气候情况 Ask two Chinese friends about the weather in your city in winter. ·············· 22′38″ ▶

Lesson 14

第十四课 14

<table>
<tr><td>一</td><td>听力理解练习
Listening comprehension</td></tr>
</table>

一 听下列句子，选择正确答案 Listen to the following sentences and choose the correct answers. ·· 0'10″ ▶

生词 **New Word**

保存	bǎocún	（动）	to save

1. A. 他觉得抽烟是坏事
   B. 别人不喜欢他抽烟
   C. 他有病，不能抽烟了
   D. 他不喜欢抽烟了

2. A. 告诉别人他遇到了谁
   B. 告诉别人有两个人很快
      要离婚了
   C. 对这两个人离婚感到奇
      怪
   D. 告诉别人他去哪儿了

3. A. 警察
   B. 司机
   C. 乘客
   D. 路上行人

4. A. 停电不能工作了
   B. 工作太多
   C. 一天没事做
   D. 写了一天的文件没了

5. A. 那人撞了他
   B. 那人说他开得太慢
   C. 那人撞了他还说他不对
   D. 那人不会开车

6. A. 那双鞋太大，不能买
   B. 他觉得那件衣服正合适
   C. 一个人的鞋不合适
   D. 一个人的衣服不合适

7. A. 他不认识那个人
   B. 他想认识张刚
   C. 张刚变化很大
   D. 他把那个人看成张刚了

8. A. 他怕妈妈担心
   B. 他故意这样做
   C. 弟弟来过电话
   D. 他担心弟弟

9. A. 他在等人送包来
   B. 他不会再让人送报了
   C. 他的运气好他很高兴
   D. 他觉得包找不回来了

10. A. 奶奶没有摔倒
    B. 奶奶正好倒在桌子上
    C. 奶奶碰倒了桌子
    D. 要是有桌子，奶奶就摔不倒了

二 听下列对话，选择正确答案 Listen to the dialogues and choose the correct answers. ········· 5'10" ▶

1. A. 她没有票
   B. 她不喜欢听音乐
   C. 她不喜欢那个音乐会
   D. 她没有时间

2. A. 他说话不像韩国人
   B. 他长得像中国人
   C. 他不想跟那位老人说话
   D. 他没有礼貌

3. A. 这是一件小事
   B. 警察不应该罚她
   C. 警察应该罚她
   D. 这次运气不好

4. A. 她想听以前听过的 CD
   B. 她早上听过这盘 CD
   C. 男的应该听听别的 CD
   D. 她也喜欢这盘 CD

5. A. 山田可能会迟到
   B. 玛丽可能会迟到
   C. 约翰可能会迟到
   D. 他们让约翰直接去学校

6. A. 约翰迟到了
   B. 约翰故意迟到
   C. 约翰忘了他说的话
   D. 约翰一刻钟前到的

7. A. 一个喜欢拍电影的人
   B. 一个不喜欢看电影的人
   C. 他们想看新电影
   D. 新电影那个人都看过

8. A. 上下班时
   B. 上午
   C. 下午
   D. 中午

9. A. 司机把那个人送到了家
   B. 抽了一支烟后那个人就到家了
   C. 那个人在上车的地方下了车
   D. 司机捡到了一个手机

10. A. 女的眼镜丢了
    B. 男的找到了她的眼镜
    C. 女的忘了眼镜放在哪儿
    D. 男的把眼镜放床上了

三 听对话和短文，做练习 Listen to the dialogue and the short passage. Do the exercises.

| 对话 Dialogue | 找钥匙 |

生词　New Words

1. 上衣	shàngyī	（名）	upper outer garment
2. 口袋	kǒudai	（名）	pocket
3. 桌子	zhuōzi	（名）	desk; table
4. 沙发	shāfā	（名）	sofa
5. 剪	jiǎn	（动）	to cut
6. 指甲	zhǐjia	（名）	nail
7. 把	bǎ	（量）	a measure word
8. 锁	suǒ	（名）	lock
9. 马虎	mǎhu	（形）	careless

1. 听第一遍录音，判断正误 Decide whether the following statements are true or false after listening to the recording for the first time. ·················· **11'30"** ▶

   (1) 平时他的钥匙放在衣服口袋里。　（　　）
   (2) 他不同意妻子在别的地方找。　（　　）
   (3) 他们找了桌子上面和沙发下面。　（　　）
   (4) 丢了门钥匙比丢了自行车钥匙更让他们着急。（　　）
   (5) 男的发现钥匙在床上。　（　　）

（6）他妻子说他马虎说得很对。　　　　　　　　（　　　）

2. 听第二遍录音，选择正确答案 Choose the correct answers after listening to the recording for the second time. ·································· **13′20″** ▶

（1）A. 他有时放在那儿
　　　B. 只有那儿还没找
　　　C. 他在那儿剪过指甲
　　　D. 他坐那儿看电视时看
　　　　见过

（2）A. 门钥匙也会丢
　　　B. 指甲刀也会丢

　　　C. 自行车也会丢
　　　D. 妻子会生气

（3）A. 不找桌子上面的话
　　　B. 不着急的话
　　　C. 不休息的话
　　　D. 不找沙发下面的话

3. 说一说这个男的做了什么马虎事 Tell about the careless thing the man did. ·································· **15′47″** ▶

| 短文 | Passage | 七叔与电脑 |

生词　New Words

1. 叔	shū	（名）	uncle
2. 操作	cāozuò	（动）	to operate
3. 输入	shūrù	（动）	to inpute
4. 拼音	pīnyīn	（名）	pinyin（Chinese phonetic transcriptions）
5. 完全	wánquán	（形）	complete
6. 字形	zìxíng	（名）	font; grapheme
7. 步	bù	（名）	step
8. 工地	gōngdì	（名）	construction site
9. 熟练	shúliàn	（形）	skillful
10. 程序	chéngxù	（名）	procedure

1. 听第一遍录音，判断正误 Decide whether the following statements are true or false after listening to the recording for the first time. ·················· 16′18″ ▶

　　（1）七叔是自学学会用电脑的。　　　　　（　　）

　　（2）他是比较早使用电脑的。　　　　　　（　　）

　　（3）字形输入法比拼音输入法容易。　　　（　　）

　　（4）他不喜欢看电视，也不喜欢逛街。　　（　　）

　　（5）他饭吃得很少。　　　　　　　　　　（　　）

　　（6）电脑对他的工作很有帮助。　　　　　（　　）

2. 听第二遍录音，回答问题 Answer the questions after listening to the recording for the second time. ················· 18′27″ ▶

　　（1）七叔上过多长时间学？

　　（2）他为什么选择字形输入方法？

　　（3）他是怎么学会使用电脑的？

　　（4）他什么时候学习？

二	语音语调练习 Pronunciation and intonation

一 听后选择你听到的句子 Choose the sentences you hear. ········· 20′55″ ▶

　　1. A. Zhè zhǒng fāngfǎ yǐ bù shǐyòng le.

　　　 B. Zhè zhǒng fāngfǎ yǐ bù shíyòng le.

　　2. A. Zhèlǐ yǒu hěn duō gǔjí.

　　　 B. Zhèlǐ yǒu hěn duō gǔjì.

　　3. A. Tā hǎoxiàng zǒujìnle huànjìng.

　　　 B. Tā hǎoxiàng zǒujìnle huànjǐng.

　　4. A. Tā bù gěi Xiǎo Lǐ huǎnqì de jīhuì.

　　　 B. Tā bù gěi Xiǎo Lǐ huànqì de jīhuì.

5. A. Wǒ shǒu li ná de shì huáshí.

   B. Wǒ shǒu li ná de shì huàshí.

6. A. Zhège chéngshì shì ge gùdū.

   B. Zhège chéngshì shì ge gǔdū.

7. A. Háizimen bù xǐhuan zhège huàtí.

   B. Háizimen bù xǐhuan zhège huátī.

8. A. Zhèlǐ yǒu hěn duō huāyāng.

   B. Zhèlǐ yǒu hěn duō huāyàng.

9. A. Dìdi bù liǎojiě guóshì.

   B. Dìdi bù liǎojiě guóshǐ.

10. A. Tāmen zài gōngdú yì běn shū.

    B. Tāmen zài gòng dú yì běn shū.

二 听下列句子，注意句中的停顿，并说出你对句子的理解 Pay attention to the pause of the sentences and tell your understanding of the sentences. ·· **22′46″** ▶

1. 四婶回到家看到门没有锁，生起气来。

2. 我再想也想不出来，你就别为难我了。

3. 你认为你不说，我就不会从别人那里知道吗？

4. 你知不知道我最不喜欢话没说完就被挂电话了？

5. 我怎么不知道你还邀请了赵小姐？

6. 我骑自行车都比你开车快。

7. 你不想想，旧衣服别人能送给你吗？

8. 孙静说得对，孩子的事还是让他们自己决定吧。

听短文，做练习 Listen to the short passage and do the exercises. ······ 24′3″ ▶

短文 Passage 哪一边是头

生词 **New Words**

1. 导盲犬	dǎomángquǎn	（名）	guide dog
2. 屁股	pìgu	（名）	buttocks

1. 听后简单回答问题 Listen to the recording and answer the questions briefly.

   （1）这个故事发生在哪儿？

   （2）那是一只什么狗？

   （3）盲人为什么给狗饼干吃？

2. 问问你的中国朋友养不养狗，养的话，让他讲讲他的狗；没养的话，问问他为什么，下次上课时讲一讲 Ask a Chinese friend if he has a dog. If he does, ask him to tell you something about it; if he doesn't, ask him why he doesn't; and report it in the next class.

Lesson **15**

第十五课 ⊙ 15

<table>
<tr><td>一</td><td>听力理解练习
Listening comprehension</td></tr>
</table>

一 听下列句子，选择正确答案 Listen to the following sentences and choose the correct answers. ········· 0'10" ▶

生词　New Words

1. 排	pái	（名）	row
2. 性格	xìnggé	（名）	character
3. 存车	cún chē	（动）	to park a bicycle

1. A. 坐在了第五排
   B. 坐在了第五排以后
   C. 坐在第五排以前
   D. 买了一张很贵的票

2. A. 演员唱得不清楚
   B. 他没听懂那个故事
   C. 他不喜欢那个节目
   D. 他只听懂了一点儿

3. A. 他
   B. 他和他父亲
   C. 全家人
   D. 他母亲

4. A. 在车上
   B. 在路口
   C. 在门外
   D. 在车站

5. A. 餐厅服务员
   B. 旅馆服务员
   C. 电影院服务员
   D. 剧场服务员

6. A. 别人不能进他的房间
   B. 不听别人的话
   C. 要听别人说话
   D. 听不懂别人的话

7. A. 不应该做那么多菜
   B. 我们几个人不吃了
   C. 菜还没吃完，我们已经
     吃饱了
   D. 不知道几个人吃饭

8. A. 去剧场
   B. 看电影
   C. 看演出
   D. 去机场

9. A. 刚开始
   B. 很早就开始了
   C. 丢了一辆车以后
   D. 买车以后

10. A. 去看电影
    B. 去朋友家
    C. 去买衣服
    D. 在家陪客人

二 听下列对话，选择正确答案 Listen to the dialogues and choose the correct answers. ·························· 4′53″ ▶

1. A. 灯泡坏了
   B. 没电了
   C. 没插好插头
   D. 插头坏了

2. A. 不满意
   B. 批评
   C. 抱歉
   D. 满意

3. A. 他正在用
   B. 这本书不是他的
   C. 他不喜欢把书借给别人
   D. 担心别人借了不还

4. A. 她不想买东西
   B. 她喜欢那儿
   C. 帮助公司看看
   D. 想找工作

5. A. 女的觉得钢琴弹得好
   B. 男的觉得小提琴拉得好
   C. 他们意见不一样
   D. 他们看法相同

6. A. 男的为买礼物的事着急
   B. 男的不会买礼物
   C. 女的可以帮助他
   D. 女的不认识送礼物的人

7. A. 着急去医院
   B. 比小李他们爬得快
   C. 不想再往上爬了
   D. 腿受了一点儿伤

8. A. 女的比男的身体好
   B. 他们都带伞了
   C. 女的被淋湿了
   D. 他们想进地铁站待一会
     儿，等天好了再走

9. A. 女的

   B. 男的

   C. 李华

   D. 女的和男的两个人

10. A. 男的要去机场

    B. 男的要坐飞机去开会

    C. 女的去不了上海了

    D. 男的等了三个小时飞机才起飞

三 听对话和短文，做练习 Listen to the dialogue and the short passage. Do the exercises.

| 对话 Dialogue | 冰冻书 |

生词 **New Words**

1. 书柜	shūguì	（名）	bookcase
2. 底下	dǐxia	（名）	below; under
3. 虫子	chóngzi	（名）	worm
4. 晒	shài	（动）	to dry in the sun
5. 太阳	tàiyáng	（名）	sun
6. 冷藏	lěngcáng	（动）	to refrigerate
7. 藏	cáng	（动）	to hide; to store
8. 惭愧	cánkuì	（形）	ashamed
9. 凉	liáng	（形）	cool
10. 饮料	yǐnliào	（名）	drink

1. 听第一遍录音，判断正误 Decide whether the following statements are true or false after listening to the recording for the first time. ·················· **11′38″** ▶

（1）戴珊的床底下没地方放书。 （　　）

（2）她的书都在自己家里放着。 （　　）

（3）她没觉得这样放书不方便。 （　　）

（4）书晒太阳以后，不会被虫子吃。 （　　）

（5）她不喜欢冷藏东西。 （　　）

（6）看到戴珊有这么多书，大力很不好意思。　（　　）

2. 听第二遍录音，选择正确答案 Choose the correct answers after listening to the recording for the second time. ·· 13′52″ ▶

（1）A. 床上
B. 冰箱里
C. 床底下
D. 姐姐家

（2）A. 他认为女的不喜欢看书
B. 他认为女的怕累
C. 他认为女的不会生活
D. 他认为女的书太多了

（3）A. 冷饮还是热饮
B. 书还是冷饮
C. 冰箱里的书还是别的地方的书
D. 外面还是屋里

3. 说一说女的书都放在什么地方 Please tell where the girl places her books.
·· 16′46″ ▶

短文 **Passage**　动物会说话　16′52″ ▶

听后将动物名字和它们能做的事情连线 Match each animal with what it does using a line after listening to the recording.

狗	能记住500个手势
大象	会唱歌，有时独唱，有时合唱
鲸鱼	会学人的声音
海豚	高兴的时候说"您好！"，生气的时候说"滚蛋！"
猴子	懂人的语言、语气和手势
猩猩	会说"巴特尔好"、"巴特尔想吃东西"
海豹	能用手语谈话

听后标出画线词语的声调 Listen to the recording and mark the tones of the underlined words. ······················· **18′20″**

1. Lái pinming de dōu shì yìxiē pinmin.

2. Zài tā de yanjiang zhōng tídàole zhè zhǒng xianxiang.

3. Wǒ gèng pianxiang yú fāzhǎn bianjiang de yìjiàn.

4. Zài zhèr chouyan duō xianyan a!

5. Èr zhě xiānghù yicong, yě xiānghù yicun.

6. Lunzi zhuànle qilai, bú shì longzi zhuànle qilai.

7. Tā de jianli zhōng méiyǒu tí shòudào jiangli de shì.

8. Kunchong zài kongzhong fēiwǔ.

9. Ganzi shang tiǎozhe yí ge gangzi.

10. Yǒu zhème chenjiu de sīxiǎng de rén, bù kěnéng yǒu chengjiu.

三　联想猜测练习　Guesswork

听后说出下列句子大概的意思 Listen to the sentences and tell their general meanings. ·················· **20′42″**

1.　　2.　　3.　　4.　　5.　　6.　　7.　　8.

听短文，做练习 Listen to the short passage and do the exercises. ··· 22'40"

短文 Passage 北京的四季

生词 New Words

1. 分明	fēnmíng	（形）	evident
2. 干燥	gānzào	（形）	dry
3. 晴朗	qínglǎng	（形）	sunny
4. 风向	fēngxiàng	（名）	direction of wind
5. 温差	wēnchā	（名）	difference in temperature
6. 降温	jiàngwēn	（动）	（of temperature）to drop, to fall
7. 山区	shānqū	（名）	mountainous area
8. 接近	jiējìn	（动）	to close to
9. 暴雨	bàoyǔ	（名）	rainstorm
10. 降水量	jiàngshuǐliàng	（名）	rainfall
11. 阳光	yángguāng	（名）	sunshine
12. 充足	chōngzú	（形）	enough
13. 入侵	rùqīn	（动）	to invade
14. 迅速	xùnsù	（形）	rapidly

听后判断下面表格中的内容是否正确 Listen to the recording and decide if the information in the table is true or false.

北京的四季

季节	主要特点	气温	降水	阳光	正/误
春季	多雨	温差大	很少	好	
夏季	炎热	全年最热	很多	好	
秋季	多云	不冷不热	不多	充足	
冬季	寒冷干燥	寒冷	很少	很好	

Lesson 16

第十六课 🔘 16

<table>
<tr>
<td>一</td>
<td>听力理解练习
Listening comprehension</td>
</tr>
</table>

一 听下列句子，选择正确答案 Listen to the following sentences and choose the correct answers. .... 0′10″ ▶

1. A. 不满意
   B. 关心他（她）
   C. 很生气
   D. 很满意

2. A. 第二天要考试，还没做
      准备
   B. 他忘了背生词
   C. 他背的生词都忘了
   D. 生词太多，记不住

3. A. 看京剧时
   B. 买东西时
   C. 吃饭时
   D. 爬山时

4. A. 画太便宜不能挂
   B. 画不好看不该挂
   C. 画太重不好挂
   D. 这幅画挂这儿不合适

5. A. 现在的办公室坐不下时
   B. 公司新来了很多人时
   C. 新换的办公室都很大时
   D. 公司换了新经理时

6. A. 她很累
   B. 她病得很厉害
   C. 她气得喘不上气了
   D. 她快爬不动了

7. A. 我能吃一年中药
   B. 这些药不够吃一年
   C. 我担心吃不了一年
   D. 我害怕吃中药

8. A. 坐满了
   B. 差不多坐满了
   C. 还有很多地方
   D. 刚坐了一半

9. A. 在车里
   B. 在山上
   C. 在山下
   D. 在车站

10. A. 很自信，肯定能赢
    B. 不自信，水平不高
    C. 他肯定赢不了
    D. 有水平，没自信

二 听下列对话，选择正确答案 Listen to the dialogues and choose the correct answers. ·· 4'31"▶

1. A. 女的想换一个房间
   B. 女的换了一个房间
   C. 王师傅给她找了一个房间
   D. 女的感谢王师傅帮助了她

2. A. 哪个医院好
   B. 那个医院怎么样
   C. 应不应该换医院
   D. 换医院也没用

3. A. 走不动了
   B. 想休息了
   C. 出汗很高兴
   D. 没问题，可以走

4. A. 山田
   B. 玛丽
   C. 没人看了
   D. 女的看

5. A. 她看不了中文报纸
   B. 她差不多能看懂
   C. 她觉得大概看不了
   D. 她也说不清

6. A. 在城里过春节没有意思
   B. 可以在农村过春节
   C. 男的问女的去哪儿过春节
   D. 他们想找一个有节日气氛的地方

7. A. 男的水平比约翰差
   B. 男的水平跟约翰一样差
   C. 男的水平跟约翰一样高
   D. 男的水平应该提高

8. A. 在汽车上
   B. 在火车站
   C. 在电影院
   D. 在餐厅

9. A. 天气预报很准
   B. 天气预报不准
   C. 应该学习怎么看天气
   D. 听天气预报了解今天的天气

10. A. 她要改变一个人
    B. 有人让她生气了
    C. 她在说孩子的教育问题
    D. 怎样培养人的习惯

三 听对话和短文，做练习 Listen to the dialogue and the short passage and do the following exercises.

| 对话 Dialogue | 子女与老人 |

生词　New Words

1. 子女	zǐnǚ	（名）	child(ren); son(s) and daughter(s)
2. 房	fáng	（名）	house
3. 决定	juédìng	（动）	to decide
4. 自由	zìyóu	（名）	freedom
5. 比如	bǐrú	（连）	for example
6. 教育	jiàoyù	（名）	education
7. 严格	yángé	（形）	rigorous, strict
8. 耐心	nàixīn	（形）	patient
9. 道理	dàoli	（名）	reason
10. 独生子女	dúshēng zǐnǚ		only son or daughter
11. 爷爷	yéye	（名）	grandfather
12. 奶奶	nǎinai	（名）	grandmother
13. 退休	tuìxiū	（动）	to retire
14. 搞	gǎo	（动）	to do
15. 互相	hùxiāng	（副）	each other
16. 尊重	zūnzhòng	（动）	to respect

1. 听第一遍录音，判断正误 Decide whether the following statements are true or false after listening to the recording for the first time. ·················· **10′46″** ▶

（1）她和丈夫因为没有自己的房子，所以和父母一起住。（　　）

（2）她不喜欢跟老人一起住。（　　）

（3）父母对孩子没有爷爷、奶奶有耐心。（　　）

（4）她的孩子不太听她和丈夫的话。（　　）

（5）他们每天都跟老人聊天儿。（　　）

（6）他们的父母帮他们做家务。（　　）

2. 听第二遍录音，回答问题 Answer the questions after listening to the recording for the second time. ·· 13′14″ ▶

（1）女的为什么跟丈夫的父母住在一起？

（2）女的认为跟老人住在一起怎么样？

（3）女的跟老人的关系怎么样？

| 短文 | Passage | 重新"烹调"生活 |

生词 New Words

1. 伤心	shāngxīn	（形）	heartbroken
2. 死	sǐ	（动）	to die
3. 产生	chǎnshēng	（动）	to generate
4. 兴趣	xìngqù	（名）	interest
5. 食品	shípǐn	（名）	food
6. 烹调	pēngtiáo	（动）	to cook
7. 鱼香肉丝	yúxiāng ròusī		fish-flavored shredded pork
8. 麻婆豆腐	mápó dòufu		stir-fried beancurd in hot sauce
9. 材料	cáiliào	（名）	material
10. 邀请	yāoqǐng	（动）	to invite
11. 夸	kuā	（动）	to praise
12. 孤独	gūdú	（形）	alone
13. 寂寞	jìmò	（形）	lonely

1. 听第一遍录音，判断正误 Decide whether the following statements are true or false after listening to the recording for the first time. ················· 16′24″ ▶

（1）王建国的妻子不久前去世了。　　　　　　　　（　　）

（2）退休以后，王建国晚上除了看电视，不做别的。（　　）

（3）妻子死后，王建国常常吃方便食品。　　　　　（　　）

（4）王建国学做的第一个菜是鱼香肉丝。　　　　　（　　）

（5）学会做菜以后，王建国认识了很多朋友。　　　（　　）

（6）是女儿的礼物使王建国对生活又产生了兴趣。　（　　）

2. 听第二遍录音，回答问题 Answer the questions after listening to the recording for the second time. ·································· **19′3″**

（1）王建国为什么老得那么快？

（2）女儿送给他的礼物怎么样？

二	语音语调练习 Pronunciation and intonation

听后选择你听到的句子 Choose the sentences you hear. ············· **21′50″**

1. A. Māma yídìng huì dānxīn.
   B. Māma yídìng huì dāngxīn.

2. A. Tā mǎshàng fǎnwèn tā.
   B. Tā mǎshàng fǎngwèn tā.

3. A. Háizi shuì zài mùpéng li.
   B. Háizi shuì zài mùpén li.

4. A. Xiànzài shì kāifàng shíjiān.
   B. Xiànzài shì kāifàn shíjiān.

5. A. Shuō yi shuō nǐ de shēnfèn.
   B. Shuō yi shuō nǐ de chéngfèn.

6. A. Nàlǐ fàngzhe yí ge xīnyǐng de bōliqiú.
   B. Nàlǐ fàngzhe yí ge jīngyíng de bōliqiú.

7. A. Língzi búyòng yùn.
   B. Lǐngzi búyòng yùn.

8. A. Wǒ kàndàole yí ge xīn wǎn.
   B. Wǒ kàndàole yí ge xīwàng.

9. A. Nǐ luàn chuān shénme?
   B. Nǐ luàn zhuàng shénme?

10. A. Yòng jiānyìng de qūtǐ dǎngzhù jìngōng.

B. Yòng jiāngyìng de qūtǐ dǎngzhù jìngōng.

<table>
<tr><td>三</td><td>联想猜测练习
Guesswork</td><td></td></tr>
</table>

听后说出下列句子大概的意思 Listen to the sentences and tell their general meanings. ·· **23′38″**

1.   2.   3.   4.   5.   6.   7.   8.

<table>
<tr><td>课外练习
Homework</td><td></td></tr>
</table>

听短文，做练习 Listen to the short passage and do the following exercises.
·· **25′13″** ▶

| 短文 Passage | 早餐的特殊功能 |

生词 New Words

1. 增加	zēngjiā	（动）	to increase
2. 口头	kǒutóu	（名）	oral
3. 表达	biǎodá	（动）	to express
4. 营养	yíngyǎng	（名）	nutrition
5. 创造性	chuàngzàoxìng	（名）	creation
6. 代替	dàitì	（动）	to replace
7. 油腻	yóunì	（形）	greasy

1. 听后选择哪些是短文中讲到的内容 Choose what is mentioned in the passage after listening to the recording.

(1) 早餐能增加一天的记忆力。 （ ）

(2) 吃早餐学习好。 （ ）

(3) 不吃早餐身体不好。 （ ）

(4) 大人和儿童不吃早餐都不好。 （ ）

(5) 不吃早餐的人比较瘦。 （ ）

(6) 如果早餐没时间吃，别的时间吃作用是一样的。 （ ）

(7) 不吃早餐，午饭会吃得比较多。 （ ）

2. 找两个中国人聊聊，问问他们早餐习惯吃什么 Talk with two Chinese people and ask them what they eat for breakfast.

第十七课 17

一	听力理解练习 Listening comprehension

一 听下列句子，选择正确答案 Listen to the following sentences and choose the correct answers. ⋯⋯⋯⋯⋯⋯⋯⋯⋯⋯⋯⋯⋯⋯⋯⋯⋯ 0'10" ▶

1. A. 他们公司要来新经理了
   B. 新经理很有能力
   C. 新经理要好好发展业务
   D. 看新经理怎么开展业务

2. A. 说话人跟李丽很熟
   B. 对方跟李丽熟
   C. 李丽对这件事不太熟
   D. 不知道谁跟李丽熟

3. A. 邀请的单位
   B. 访问的城市
   C. 访问的时间
   D. 被邀请的单位

4. A. 生气
   B. 满意
   C. 遗憾
   D. 担心

5. A. 怪小王不小心
   B. 小王刚洗完桌布
   C. 小王要一杯咖啡
   D. 小王把咖啡弄脏了

6. A. 那个地方不能住
   B. 他给对方介绍漂亮的小区
   C. 那个地方原来比现在漂亮
   D. 那个地方比以前漂亮了

7. A. 生气
   B. 遗憾
   C. 自信
   D. 命令

8. A. 着急
   B. 担心
   C. 不满
   D. 疑问

9.　A. 他不应该说不好

　　B. 他说得好是基础好

　　C. 他基础差很奇怪

　　D. 他一开始就学得不好

10.　A. 换个环境也许就有办法了

　　B. 觉得他能想出一个办法

　　C. 应该待在这儿想办法

　　D. 想出办法才能去玩儿

■二 **听下列对话，选择正确答案** Listen to the dialogues and choose the correct answers. ·· **4'43"** ▶

1.　A. 男的不会做作业

　　B. 男的想知道别人写了什么

　　C. 男的对作业有不同的看法

　　D. 男的不喜欢这个作业

2.　A. 现在应该讨论住房问题

　　B. 想知道为什么要讨论这个问题

　　C. 她不关心住房问题

　　D. 想知道先讨论什么问题

3.　A. 你放心，我会跟他谈

　　B. 让她不要生气

　　C. 小李是故意的

　　D. 让她不要相信

4.　A. 她也需要一张地图

　　B. 她的同学哪儿都认识

　　C. 她已经买了地图

　　D. 她的同学有地图

5.　A. 赵家

　　B. 张家

　　C. 没有说哪家

　　D. 哪家都行

6.　A. 敲错门的时候

　　B. 打错电话的时候

　　C. 问路的时候

　　D. 认错人的时候

7.　A. 不认识

　　B. 认识

　　C. 是售货员和顾客的关系

　　D. 是医生和病人的关系

8.　A. 她老公不能喝

　　B. 她老公是能喝

　　C. 她老公刚喝完酒回家

　　D. 同意第一个人说的话

9.　A. 女的喜欢儿子现在这样

　　B. 女的的儿子学习不太好

　　C. 男的学习也不好

　　D. 女的的儿子精力不够

10.　A. 文章改得怎么样

　　B. 一个不太好的东西

　　C. 一件糟糕的事情

　　D. 一个人写文章的能力

三 听下列短文，做练习 Listen to the short passages and do the following exercises.

短文（一） **Passage 1** 不惑之年

生词 New Words

1. 不惑之年	bú huò zhī nián		age of forty
2. 胡子	húzi	（名）	goatee; mustache
3. 系	jì	（动）	to tie
4. 领带	lǐngdài	（名）	neckcloth; tie
5. 手机	shǒujī	（名）	mobile phone
6. 响	xiǎng	（动）	to make a sound; to ring
7. 短信	duǎnxìn	（名）	text message
8. 运气	yùnqi	（名）	luck
9. 魅力	mèilì	（名）	charm
10. 请假	qǐng jià	（动）	to ask for leave
11. 个子	gèzi	（名）	height; stature
12. 出差	chū chāi	（动）	to go on a business trip
13. 同桌	tóngzhuō	（名）	deskmate
14. 初恋	chūliàn	（动）	first love
15. 情人	qíngrén	（名）	lover
16. 铃	líng	（名）	ring
17. 温柔	wēnróu	（形）	gentle; soft

1. 听第一遍录音，判断正误 Decide whether the following statements are true or false after listening to the recording for the first time. ·················· **10′55″** ▶

（1）他不想跟王小姐一起去吃饭。 （　　）

（2）他认为不会是他办公室的王小姐请他。 （　　）

（3）他办公室的王小姐出差了。 （　　）

（4）他希望请他吃饭的是隔壁办公室的王小姐。 （　　）

（5）他初恋的情人突然来了。 （　　）

（6）下班的时候他不想走。 （　　）

（7）王小姐后来来电话了。 （　　）

2. 听第二遍录音，选择正确答案 Choose the correct answers after listening to the recording for the second time. ·························· **13′35″** ▶

(1) A. 不相信会有年轻姑娘请他

     B. 不去，晚上跟家人吃饭

     C. 很高兴还有年轻姑娘喜欢他

     D. 希望这个短信是发错了

(2) A. 隔壁办公室的

     B. 初恋时的

     C. 吃饭时坐在他旁边的

     D. 他办公室的

(3) A. 他要跟王小姐一起吃饭

     B. 他在想应该去哪儿等王小姐

     C. 王小姐还没来电话

     D. 他还想再工作一会儿

3. 说一说这个 40 岁的男人那天早上的感觉和他那天做的事与平常有什么不一样 Please tell how this forty-year-old man felt that morning and the difference between what he did that day and what he usually does. ··············· **16′48″** ▶

短文(二) **Passage 2**   西街故事

生词 New Words

1. 者	zhě	（助）	person or thing
2. 当地	dāngdì	（名）	the place in question
3. 背	bēi	（动）	to carry on the back
4. 西餐	xīcān	（名）	Western food
5. 预订	yùdìng	（动）	to book in advance
6. 饼	bǐng	（名）	round flat pancake made of flour by baking
7. 平常	píngcháng	（形）	usual, ordinary
8. 商标	shāngbiāo	（名）	brand
9. 网吧	wǎngbā	（名）	Internet bar
10. 工艺品	gōngyìpǐn	（名）	handcraft product

11. 床位	chuángwèi	（名）	bed for a patient or a dormitory resident; berth in a ship or on a train
12. 乡下	xiāngxià	（名）	countryside
13. 泡	pào	（动）	to soak
14. 气功	qìgōng	（名）	*qigong*
15. 背后	bèihòu	（名）	backside

专有名词 **Proper Nouns**

1. 阳朔	Yángshuò	*name of a place*
2. 好莱坞	Hǎoláiwù	Hollywood

1. 听第一遍录音，判断正误 Decide whether the following statements are true or false after listening to the recording for the first time. ·················· **17′40″** ▶

   （1）去阳朔旅行花不了多少钱。 （　　）

   （2）14 年前在阳朔吃饭都很难。 （　　）

   （3）西街没有什么中国东西。 （　　）

   （4）是"背包旅行者"使阳朔发生了变化。 （　　）

   （5）白天、晚上街上的外国人都不少。 （　　）

   （6）外国人在西街住的时间比较长。 （　　）

2. 听第二遍录音，选择正确答案 Choose the correct answers after listening to the recording for the second time. ····························· **20′29″** ▶

   （1）A. 吃的东西只有面条
   　　 B. 吃饭要排很长的队
   　　 C. 没有西餐
   　　 D. 想吃的东西常常没有

   （2）A. 阳朔人变了
   　　 B. 有出租车了
   　　 C. 吃饭方便了
   　　 D. 外国商品多了

   （3）A. 晚上回西街睡觉
   　　 B. 晚上吃西餐
   　　 C. 晚上看电影
   　　 D. 晚上去咖啡馆

语音语调练习
Pronunciation and intonation

听后标出画线词语的声调 Listen to the recording and mark the tones of the underlined words. ·· 24′ ▶

1. Jixie de wèntí yào jǐnkuài jiejue.

2. Zhè shì xiaomai miàn zuò de shaomai.

3. Liewei lüewei pǐnwèi yí xiàr ba.

4. Zuótiān xiaoyoumen yìqǐ qù jiaoyou le.

5. Yīshēng yaoqiu wǒ hē yaojiu.

6. Suī yǒu bai bei de xìnxīn háishi baibei le.

7. Zuì jiandan de shì jiù shì qiandan.

8. Tā bìyè hòu mianqiang qùle bianjiang.

9. Xianhua bìng fēi dōu shì xiang hua.

10. Xiàng zhenzhi bìngqíng nàyàng zhengzhi shèhuì.

课外练习
Homework

上网找一首中文歌曲——《老鼠爱大米》，边听歌曲边写出歌词，有不知道的词去问问你的中国朋友或老师（查找方法：上百度官网 www. baidu. com→点击"mp3"→在搜索条中输入"老鼠爱大米"，点击"百度一下"→点击"试听"）Write down the lyrics of this song and then ask your Chinese friends or your teachers if there are words you don't understand. Steps：Visit www. baidu. com→click mp3 →input "老鼠爱大米", then click "百度一下" → click "试听". ·· 26′3″ ▶

Lesson 18

第十八课 18

<table>
<tr><td>一</td><td>听力理解练习
Listening comprehension</td></tr>
</table>

一 听下列句子，选择正确答案 Listen to the following sentences and choose the correct answers. ·· 0′10″ ▶

1. A. 小李的家远
   B. 小王的家远
   C. 他们俩的家一样远
   D. 可以去小李和小王两人的家

2. A. 不用等那个人吃饭了
   B. 他们知道那个人爱吃什么
   C. 那个人不会来了
   D. 那个人从来不吃辣子鸡丁

3. A. 你点什么我吃什么
   B. 你去哪儿我就去哪儿
   C. 让别人不要紧张
   D. 想了解川菜

4. A. 他没有离开过本地
   B. 本地的东西比别的地方贵
   C. 外地比本地的物价贵
   D. 本地的物价不比别的地方贵

5. A. 一天不来上课要请假
   B. 一个星期不来上课要请假
   C. 一天不上课没关系
   D. 老师同意他不上课

6. A. 零下二十多度
   B. 零下五六度
   C. 零上几度
   D. 零上五六度

7. A. 正常上班
   B. 给经理帮忙
   C. 放假
   D. 加班

8. A. 他让别人慢点儿写作业
   B. 说话的人还没做完作业
   C. 说他（她）不应该写作业时看电视
   D. 说话人很生气

9. A. 他正跟别人学做菜
   B. 他不知道菜做得怎么样
   C. 说话人学会了几个菜很高兴
   D. 说话人担心菜做得不好

10. A. 只有大力才会开这样的玩笑
    B. 别的人也可能开这样的玩笑
    C. 大力不会开这样的玩笑
    D. 大力可能会开这个玩笑

二 听下列对话，选择正确答案 Listen to the dialogues and choose the correct answers. ·· **4′49″** ▶

1. A. 在自己家
   B. 在饭馆
   C. 在别人家
   D. 在单位

2. A. 她认为小王很可能改不了
   B. 她认为小王肯定改不了
   C. 她认为小王已经改了很多了
   D. 她认为小王根本就不想改

3. A. 他不想开得太快
   B. 他想开快但不可能
   C. 马上就能开快了
   D. 已经开得很快了

4. A. 七点一刻
   B. 七点五十
   C. 七点一刻或差十分八点
   D. 七点二十

5. A. 衣服
   B. 磁带
   C. 录音机
   D. 电视机

6. A. 上海
   B. 广州
   C. 大连
   D. 在家

7. A. 他不喜欢吃肉
   B. 他只想吃鱼
   C. 最好有鱼又有肉
   D. 有什么吃什么

8. A. 质量不错，但有些贵
   B. 比较便宜，但质量差些
   C. 比较便宜，但不好修理
   D. 价格、质量、服务都不错

9. A. 男的愿帮女的去取包裹
   B. 女的妈妈给她寄了东西
   C. 女的把寄来的包裹送给男的了
   D. 男的不知道在哪儿取包裹

10. A. 结了
    B. 没结
    C. 离了
    D. 快了

三 听对话和短文，做练习 Listen to the dialogue and the short passage and do the following exercises.

对话 **Dialogue** 用筷子

生词 New Words

1. 一直	yìzhí	（副）	all the time, always
2. 叉子	chāzi	（名）	fork
3. 据说	jùshuō	（动）	it is said; as the story goes
4. 大脑	dànǎo	（名）	brain
5. 手指	shǒuzhǐ	（名）	finger
6. 运动	yùndòng	（动）	to move
7. 延伸	yánshēn	（动）	to extend; to stretch
8. 抓	zhuā	（动）	to grab; to seize; to catch
9. 刀子	dāozi	（名）	knife

1. 听第一遍录音，判断正误 Decide whether the following statements are true or false after listening to the recording for the first time. ·················· 10′40″ ▶

(1) 男的筷子用得很好。　　　　　　　　（　　）

(2) 手的运动对大脑有好处。　　　　　　　（　　）

(3) 筷子的作用跟手指的作用差不多。　　　（　　）

(4) 女的觉得用叉子吃面条很不方便。　　　（　　）

(5) 男的认为还是用刀叉方便。　　　　　　（　　）

2. 听第二遍录音，回答问题 Answer the questions after listening to the recording for the second time. ······························· 12′45″ ▶

(1) 用筷子有什么好处？

(2) 以前的人为什么发明了筷子？

(3) 筷子使用方便还是刀叉使用方便？

短文 Passage 学游泳

生词 New Words

1. 终于	zhōngyú	（副）	finally
2. 游泳裤	yóuyǒngkù	（名）	swimming trunks
3. 游泳镜	yóuyǒngjìng	（名）	swimming glasses
4. 毛巾	máojīn	（名）	towel
5. 游泳池	yóuyǒngchí	（名）	swimming pool
6. 信心	xìnxīn	（名）	confidence; faith
7. 仔细	zǐxì	（形）	careful; attentive
8. 自由泳	zìyóuyǒng	（名）	freestyle
9. 蛙泳	wāyǒng	（名）	breast stroke
10. 天生	tiānshēng	（形）	inborn; innate; inherent
11. 圈	quān	（名）	ring; circle; circuit
12. 没劲儿	méi jìnr		to be exhausted
13. 加油	jiāyóu	（动）	to make greater efforts
14. 阻力	zǔlì	（名）	resistance; drag; obstruction

1. **听第一遍录音，判断正误** Decide whether the following statements are true or false after listening to the recording for the first time. ·················· **15′30″** ▶

（1）他带了三种东西去游泳。 （　　）

（2）他第一次学游泳，就游出了 15 米的好成绩。 （　　）

（3）刚开始他游的不是蛙泳。 （　　）

（4）他蛙泳学得很快。 （　　）

（5）爸爸带着他游了三圈。 （　　）

（6）他游了 10 米就累了。 （　　）

（7）是爸爸给了他信心。 （　　）

2. **听第二遍录音，回答问题** Answer the questions after listening to the recording for the second time. ························· **18′26″** ▶

（1）刚到游泳池时和游了一会儿以后，他的心情有什么不一样？

（2）爸爸为什么让他学习蛙泳？

（3）他能这么快游好蛙泳是因为什么？

（4）爸爸是怎么教儿子学游泳的？

二	语音语调练习 Pronunciation and intonation

听后选择你听到的句子 Choose the sentences you hear. ············ 21'50"

1. A. Liǎn bèi dǎzhǒng le.
   B. Liǎn bèi dǎzhòng le.

2. A. Zhè shì yí ge qiǎnxiǎn de gùshi.
   B. Zhè shì yí ge qiǎngxiǎn de gùshi.

3. A. Wǒmen yǐjīng shuōduō le.
   B. Wǒmen yǐjīng shuōtuǒ le.

4. A. Xuéxiào zhèngzài jǔxíng Zhōngwén huódòng.
   B. Xuéxiào zhèngzài jǔxíng zhēngwén huódòng.

5. A. Shìzhǎng fāchūle mínglìng.
   B. Shīzhǎng fāchūle mìnglìng.

6. A. Wǒ mǎshàng fǎnwèn tā.
   B. Wǒ mǎshàng fǎngwèn tā.

7. A. Zhège dìfang shēngchǎn shíyóu.
   B. Zhège dìfang shèngchǎn shíyóu.

8. A. Tā zài zhèlǐ hěn yǒu shílì.
   B. Tā zài zhèlǐ hěn yǒu shìlì.

9. A. Tā bèi chēngwéi wéiqí shénshǒu.
   B. Tā bèi chēngwéi wéiqí shēngshǒu.

10. A. Nǐ huìhuà tài duō.
    B. Nǐ fèihuà tài duō.

| 三 | 联想猜测练习
Guesswork | |

听后猜测下列句子大概的意思 Listen to the sentences and guess their general meanings. ·········· **23′41″** ▶

1.　 2.　 3.　 4.　 5.　 6.　 7.　 8.

课外练习
Homework

听短文，做练习 Listen to the short passage and do the exercises.　··· **25′30″** ▶

| 短文 | Passage | 怎么能让买火车票更方便 |

生词　New Words

1. 沿线	yánxiàn	（名）	along the line
2. 联网	lián wǎng	（动）	to be connected with net
3. 客流量	kèliúliàng	（名）	the volume of passenger traffic
4. 安装	ānzhuāng	（动）	to install
5. 收入	shōurù	（名）	income
6. 及时	jíshí	（副）	timely
7. 互联网	hùliánwǎng	（名）	the Internet

听后选择正确答案（答案可能不止一个）Choose the correct answers after listening to the recording（there might be more than one correct answer）.

1. A. 在铁路附近的售票处买
   B. 在自己单位买
   C. 在饭店买
   D. 在网上买
   E. 在火车站买

2. A. 卖票的地方比以前多
   B. 卖票的地方离车站比以前近
   C. 买票的办法比以前多
   D. 买票的速度比以前快

第十九课 19

一 听力理解练习 Listening comprehension

一 听下列句子，选择正确答案 Listen to the following sentences and choose the correct answers. ··· 0'10" ▶

1. A. 他的包掉到车下面去了
   B. 包丢了以后第三天，他去找了警察
   C. 司机把他的包送给了警察
   D. 警察把他的包送来了

2. A. 从他扭腰到现在四天了
   B. 他不知道怎么扭的腰
   C. 他告诉别人腰疼了三天
   D. 不知道他在哪儿受的伤

3. A. 小李没能参加那场比赛
   B. 不知道小李的比赛成绩怎么样
   C. 不知道小李参加的是什么比赛
   D. 那场比赛小李的成绩不好

4. A. 台灯坏了
   B. 人摔伤了
   C. 他来不及赶到那儿
   D. 结果还不错

5. A. 第二个路口的东北边
   B. 第二个路口的西北边
   C. 第二个路口的东南边
   D. 第二个路口的西南边

6. A. 说话人受了伤
   B. 说话人的哥哥摔伤了
   C. 哥哥不小心滚到山下去了
   D. 哥哥的朋友没拉住哥哥

7. A. 面前的人他没见过
   B. 这里的邻居互相都认识
   C. 他们在找人
   D. 这里的邻居他不都认识

8. A. 小时候爸爸给他请了老师
   B. 他的学校很有名
   C. 他书法写得很好
   D. 他常参加学校的书法比赛

C. 这两个人是姐妹关系
D. 这两个人是男女朋友

10. A. 女儿幸福地哭了
    B. 女儿要结婚了，妈妈很高兴
    C. 妈妈难过得哭了
    D. 妈妈为女儿的幸福感到高兴

9. A. 这两个人关系非常好
   B. 这两个人很像

二 听下列对话，选择正确答案 Listen to the dialogues and choose the correct answers. ·· 5′20″ ▶

1. A. 麦克过马路时不管有没有车
   B. 麦克是在人行道绿灯时过的马路
   C. 麦克过马路时是红灯
   D. 麦克过马路时没有车

2. A. 她才是认真的人
   B. 她比小张认真
   C. 她不把事放在心上
   D. 她也很认真

3. A. 她没去过
   B. 她只看了一大半
   C. 她只是大概看了一下儿
   D. 她上次去时关门了

4. A. 陈强没来开会
   B. 陈强来开会了
   C. 陈强有工作不能来开会
   D. 是女的叫他来的

5. A. 肯定会参加活动
   B. 后悔了
   C. 决定快，后悔也快
   D. 男的同意女的说的话

6. A. 男的早上跑步时受过伤
   B. 起床后去跑步比较好
   C. 女的不知道听谁的好
   D. 女的决定不去跑步了

7. A. 认为质量有问题
   B. 觉得太贵
   C. 不喜欢红色
   D. 觉得自己年纪大了

8. A. 小兰出大问题了
   B. 小兰计划得很好
   C. 男的想帮小兰
   D. 女的以后会去帮小兰

9. A. 坐车
   B. 骑车
   C. 开车
   D. 走路

10. A. 男的有一年没见李老师了
    B. 李老师最近几天刚得了大病
    C. 李老师看起来老了
    D. 男的认不出女的了

三 连续听五个句子，听后找出意思相对应的句子，标出它们的序号Listen to the recording and rearrange the five sentences below in the correct order by giving them the correct serial numbers. ·················· 11′11″ ▶

_____ 虽然他住在外国，但因为工作忙，所以不觉得寂寞。

_____ 他是爱激动的人。

_____ 他没让孩子去捡球。

_____ 他是我教过的少见的学得那么好的学生。

_____ 我还没跟他说一句话，他就走了。

四 听下列对话和短文，做练习 Listen to the dialogue and the short passage and do the exercises.

对话 **Dialogue** 买房比买汽车难

生词 **New Words**

1. 两居室	liǎngjūshì	（名）	two-bedroom apartment
2. 城区	chéngqū	（名）	city proper
3. 贷款	dài kuǎn	（动）	to loan
4. 利息	lìxī	（名）	interest
5. 考虑	kǎolǜ	（动）	to consider
6. 二手房	èrshǒufáng	（名）	second-hand house

1. 听第一遍录音，判断正误 Decide whether the following statements are true or false after listening to the recording for the first time. ·················· 12′33″ ▶

（1）戴珊说的两个人都有车了。   （   ）

（2）按大力的经济条件买车没问题。   （   ）

（3）大明、建国和大力在同一个部门工作。 （　　）

（4）大力买房子需要四五十万元。 （　　）

（5）大力觉得向银行贷款买房不好。 （　　）

（6）女的也没想买车。 （　　）

2. 听第二遍录音，选择正确答案 Choose the correct answers after listening to the recording for the second time. ·· 14'34" ▶

（1）A. 大明、建国都会开车了

　　 B. 大明、建国都买车了

　　 C. 大明、建国正在开车呢

　　 D. 大明、建国都在车上

（2）A. 二手房

　　 B. 出租房

　　 C. 城边上的房子

　　 D. 城区的房子

（3）A. 上下班只能坐公共汽车

　　 B. 上下班离车站近一点儿就行

　　 C. 上下班不一定坐公共汽车

　　 D. 上下班没有公共汽车

短文（一）　Passage 1　　韭菜两毛钱一斤　17'14" ▶

生词　New Words

1. 韭菜	jiǔcài	（名）	name of a vegetable
2. 上街	shàng jiē	（动）	to go shopping
3. 赶快	gǎnkuài	（副）	hurriedly
4. 愣	lèng	（动）	to be stupefied

听后回答问题 Listen to passage 1 and answer the questions.

（1）老刘请没请小张抽烟？

（2）小张为什么告诉老刘韭菜的价钱？

生词 **New Word**

个体户	gètǐhù	（名）	self-employed individual or household

听后回答问题 Listen to passage 2 and answer the question.

从父亲和儿子的对话中你知道了什么？

二	语音语调练习 Pronunciation and intonation

听后选择你听到的句子 Choose the sentences you hear. ⋯⋯⋯⋯ **19′30″**

1. A. Chítáng li yǒu hěn duō rén.
   B. Shítáng li yǒu hěn duō rén.

2. A. Wǒ bú yòng báichī.
   B. Wǒ bú yòng bái qī.

3. A. Tā qǐchū shuō hǎohuà.
   B. Tā qǐtú shuō hǎohuà.

4. A. Cǐ shì bù néng tuīcí.
   B. Cǐ shì bù néng tuīchí.

5. A. Tā fǎngwènle Zāng jiā.
   B. Tā fǎngwènle Zhāng jiā.

6. A. Wǒmen méi yùdào zhǔlì.
   B. Wǒmen méi yùdào zǔlì.

7. A. Nóngmín zài zāi táo.
   B. Nóngmín zài zhāi táo.

8. A. Wǒ méiyǒu huàn shǒu.

   B. Wǒ méiyǒu huán shǒu.

9. A. Tāmen cùchéngle yí duì fūqī.

   B. Tāmen zǔchéngle yí duì fūqī.

10. A. Qǐng zhùyì nǐ de bùzi.

    B. Qǐng zhùyì nǐ de pùzi.

三	联想猜测练习 Guesswork

听后说出下列句子大概的意思 Listen to the following sentences and tell their general meanings. ·· **21'22"** ▶

1.   2.   3.   4.   5.   6.   7.   8.

课外练习 Homework

听短文，做练习 Listen to the short passage and do the exercises.

短文　Passage　他们都乐了

生词　New Words

1. 高速	gāosù	（形）	high-speed
2. 限速	xiànsù	（名）	speed limit
3. 素质	sùzhì	（名）	quality
4. 主动	zhǔdòng	（形）	on one's own initiative; of one's own accord
5. 招手	zhāo shǒu	（动）	to beckon; to wave
6. 座套	zuòtào	（名）	seat covering

7. 受不了	shòubuliǎo	（动）	to be unable to endure; cannot stand / bear
8. 趁	chèn	（介）	taking advantage of; availing oneself of
9. 刷卡	shuā kǎ	（动）	to swipe a card

1. 听第一遍录音，判断正误 Decide whether the following statements are true or false after listening to the recording for the first time. ·················· **23′20″** ▶

（1）他们现在去机场，所以司机开得特别快。　　　（　　）

（2）换了新车以后，司机也有了一些新的变化。　　　（　　）

（3）为了跟外国乘客对话，司机学习了简单的英语。　（　　）

（4）以前这个司机的车不干净，别人不愿意坐。　　　（　　）

（5）这个司机受不了车里有烟味。　　　　　　　　　（　　）

（6）这个司机抽烟。　　　　　　　　　　　　　　　（　　）

（7）坐出租车不一定都付现金。　　　　　　　　　　（　　）

（8）坐出租车时应该要发票。　　　　　　　　　　　（　　）

2. 听第二遍录音，选择正确答案 Choose the correct answers after listening to the recording for the second time. ·················· **25′46″** ▶

（1）A. 他非常喜欢这辆新车
　　 B. 他对乘客不太客气
　　 C. 不能在车里抽烟，他有点儿不高兴
　　 D. 他对乘客挑车不满意

　　 C. 把车洗干净
　　 D. 准备几套座套

（3）A. 司机会说外语
　　 B. 可以刷卡付钱
　　 C. 司机和乘客之间有安全板
　　 D. 有问题时按照发票找司机

（2）A. 注意自己的衣着
　　 B. 会说简单的外语

3. 跟出租车司机聊聊，了解一下他们的生活和想法 Chat with taxi drivers and ask them about their ideas on life. ·················· **28′50″** ▶

Lesson 20
第二十课 🔘 20

一	听力理解练习 Listening comprehension

一 听下列句子，选择正确答案 Listen to the following sentences and choose the correct answers. ·· 0'10"▶

生词　New Word

> 答复　　　dáfù　　　（动）　　　to reply

1. A. 说话人觉得黑衣服不好看
   B. 说话人不想看病人
   C. 他们要去看一个病得很重的人
   D. 说话人在解释"吉利"的意思

2. A. 他现在没有希望了
   B. 他的条件不够去那个学校
   C. 他还在等那个学校的回答
   D. 说话人不满意那个学校

3. A. 李经理
   B. 王力

C. 随便谁都可以
D. 找说话人

4. A. "他"是一个不爱学习的人
   B. 说话人的房间里没有书
   C. 说话人想找一本书
   D. 说话人想知道"他"喜不喜欢学习

5. A. 说话人是一名学生
   B. 说话人读过那位作家的作品
   C. 说话人是一名记者
   D. 说话人读了作品以后才采访的

6. A. 说话的时候他们在上海
　　B. 王刚毕业后一直不愉快
　　C. 说话人想跟王刚好好聊聊
　　D. 他刚知道王刚的情况

7. A. 说话人怕长辈
　　B. 说话人很尊敬长辈
　　C. 说话人不敢多喝水
　　D. 他们在商量聚会的时间

8. A. 这家饭馆做菜太慢
　　B. 这里的菜做得不好

　　C. 来这里吃饭的人很多
　　D. 这里的服务员太少

9. A. 说话人还得在学生宿舍住
　　B. 他不喜欢学生宿舍的规矩
　　C. 他没有说学生宿舍的规矩
　　D. 他从来没住过学生宿舍

10. A. 只有那个人的酒他可以不喝
　　B. 他不知道自己能喝多少
　　C. 那天他得给很多人敬酒
　　D. 他那天喝了很多酒

二 听下列对话，选择正确答案 Listen to the following dialogues and choose the correct answers. ·········· 5′8″ ▶

生词　New Words

1. 教育家	jiàoyùjiā	（名）	educationist; educator
2. 重视	zhòngshì	（动）	to attach importance to; to think highly of
3. 部门	bùmén	（名）	department; branch; sector
4. 负责	fùzé	（动）	to be responsible for
5. 失望	shīwàng	（形）	disappointed
6. 饮食	yǐnshí	（名）	food and drink

专有名词　Proper Noun

孔子	Kǒngzǐ	Confucius

1. A. 他们在找一个地方
　　B. 他们在找一个人
　　C. 他们没来过这个地方
　　D. 女的第一次来这里

2. A. 女的知道这个事情比男的晚
　　B. 男的一周前就看了这个演出
　　C. 这个代表团快来了
　　D. 男的对这个新闻不感兴趣

3. A. 女的不知道孔子
   B. 女的让男的去问一个小学生
   C. 男的认为女的不知道孔子
   D. 女的生男的气了

4. A. 做一个部门的负责人
   B. 离开这个公司
   C. 还在这个公司工作
   D. 把工作交给别人

5. A. 为去不了那儿着急
   B. 为去不了那儿生气
   C. 为能去那儿高兴
   D. 为去不了那儿遗憾

6. A. 男的有病不能喝酒
   B. 男的把大夫的话忘了
   C. 女的同意他少喝一点儿
   D. 他可能只喝半杯

7. A. 女的怕胖不敢吃东西
   B. 女的为了健康不随便吃东西
   C. 男的对女的很不满
   D. 是这个女的做得不对

8. A. 等人
   B. 看路边的风景
   C. 看街上的车
   D. 看一条河

9. A. 小王不会帮他的
   B. 小王一定会帮他
   C. 很多人都可以帮他
   D. 小王够朋友

10. A. 男的水平比山田高
    B. 男的水平没有山田高
    C. 男的不应该去试
    D. 男的去考不会考好

三 听下列短文，做练习 Listen to the short passages and do the exercises.

短文（一） Passage 1　甜蜜的谎言　11′28″ ▶

生词　New Words

1. 谎言	huǎngyán	（名）	lie
2. 癌症	áizhèng	（名）	cancer
3. 值得	zhídé	（动）	to be worthwhile
4. 工资	gōngzī	（名）	wage; salary; pay

5. 顺便	shùnbiàn	（副）	in passing; incidentally; at one's own convenience
6. 恶化	èhuà	（动）	to worsen; to deteriorate; to take a turn for the worse; to turn for the worse
7. 抱	bào	（动）	to cherish; to harbour; to nurse; to hold
8. 枕头	zhěntou	（名）	pillow
9. 存折	cúnzhé	（名）	deposit book; bankbook; passbook
10. 瓶盖	pínggài(r)	（名）	cap; bottle top

听后判断正误 Decide whether the following statements are true or false after listening to the recording.

（1）她丈夫病得很重。 （　　）
（2）大夫让她给她丈夫吃一种外国药。 （　　）
（3）她一个月的工资只能买一瓶这种药。 （　　）
（4）她决定不买房子了，先给丈夫治病。 （　　）
（5）丈夫每天都认真吃药。 （　　）
（6）药都是她丈夫自己去买的。 （　　）
（7）她丈夫在出院一个月后死了。 （　　）
（8）她给医生看的药瓶不是她丈夫的。 （　　）
（9）她给丈夫的存折一直放在枕头里，没有用。 （　　）
（10）药瓶里没有药，是糖水。 （　　）

短文（二） **Passage 2** 数字手表 14′43″ ▶

听后快速回答问题 Listen to the recording and answer the question quickly.

这种手表除了可以看时间，还有什么用？

听后快速回答问题 Listen to the recording and answer the question quickly.

　3430 亿元指的是什么收入？

二	语音语调练习 Pronunciation and intonation	〜W

听后标出画线词语的声调 Listen to the recording and mark the tones of the underlined words. ·· 16′5″ ▶

1. Búyào <u>huaiyi</u> tā yǒu shénme <u>huaiyi</u>.

2. <u>Shengsi</u> dàilái de wèntí yǐnqǐle rénmen de <u>shensi</u>.

3. Tā cóng yí ge xiǎo <u>chengzhen</u> láidàole <u>shengcheng</u>.

4. Tā <u>chengren</u> bù néng <u>shengren</u> zhè fèn gōngzuò.

5. <u>Yuji</u> néng dádào <u>yuqi</u> de xiàoguǒ.

6. Xiāng'ài de rén bèi <u>biyu</u> chéng <u>biyi</u> niǎo.

7. Zhōnghuá <u>Shuju</u> chūbǎn hěn duō gǔdài <u>shuji</u>.

8. Nǐ zěnme <u>zheme</u> <u>zhemo</u> rén？

9. Jiēdào <u>zhufu</u> <u>zhuhu</u> zhùyì ānquán.

10. Zhè zhǒng <u>tianlanse</u> shì <u>tianran se</u>.

三	联想猜测练习 Guesswork	

听后说出下列句子大概的意思 Listen to the sentences and tell their general meanings. ·································· 18′21″ ▶

1.　　2.　　3.　　4.　　5.　　6.　　7.　　8.

课外练习
Homework

1. 听下面的录音（《话该怎么说》），把左右两边内容用线连起来，下次
上课时每人说两条 Listen to the recording and match the words on the left with
those on the right using lines. In the next class talk about your choices.
·· 19′42″ ▶

急事	慢慢地说
大事	谨慎地说
小事	别乱说
没把握的事	不能说
没发生的事	清楚地说
做不到的事	不要见人就说
伤害人的事	幽默地说
讨厌的事	听听自己的心怎么说
开心的事	不要胡说
伤心的事	小心地说
别人的事	做了再说
自己的事	对事不对人地说
现在的事	看场合说

2. 看电视，记录下一个中文广告，下次上课时向大家汇报 Watch TV
and take notes of an advertisement in Chinese. Then, report it in the next class.
·· 21′5″ ▶

词汇表
Vocabulary

A			
癌症	áizhèng	（名）	（20）
安装	ānzhuāng	（动）	（18）
按摩	ànmó	（动）	（10）
B			
把	bǎ	（量）	（14）
保存	bǎocún	（动）	（14）
报	bào	（名）	（10）
抱	bào	（动）	（20）
暴雨	bàoyǔ	（名）	（15）
背	bēi	（动）	（17）
背后	bèihòu	（名）	（17）
背上	bèi shang		（9）
比如	bǐrú	（连）	（16）
笔记	bǐjì	（名）	（3）
表达	biǎodá	（动）	（16）
饼	bǐng	（名）	（17）
捕	bǔ	（动）	（9）
不惑之年	bú huò zhī nián		（17）
步	bù	（名）	（14）
部门	bùmén	（名）	（20）
C			
材料	cáiliào	（名）	（16）

踩	cǎi	（动）	（9）
惭愧	cánkuì	（形）	（15）
藏	cáng	（动）	（15）
操作	cāozuò	（动）	（14）
叉子	chāzi	（名）	（18）
产生	chǎnshēng	（动）	（16）
铲	chǎn	（动）	（9）
尝	cháng	（动）	（5）
场所	chǎngsuǒ	（名）	（10）
抄	chāo	（动）	（3）
吵	chǎo	（动）	（7）
车牌号	chēpáihào	（名）	（7）
趁	chèn	（介）	（19）
城里	chénglǐ	（名）	（1）
城区	chéngqū	（名）	（19）
程序	chéngxù	（名）	（14）
充足	chōngzú	（形）	（15）
虫子	chóngzi	（名）	（15）
抽	chōu	（动）	（10）
抽烟	chōu yān	（动）	（6）
丑	chǒu	（形）	（12）
出差	chū chāi	（动）	（17）
初恋	chūliàn	（动）	（17）
床位	chuángwèi	（名）	（17）

创造性	chuàngzàoxìng	（名）	（16）
吹	chuī	（动）	（10）
纯	chún	（形）	（9）
催	cuī	（动）	（12）
存车	cún chē	（动）	（15）
存折	cúnzhé	（名）	（20）

D

答复	dáfù	（动）	（20）
大脑	dànǎo	（名）	（18）
代替	dàitì	（动）	（16）
贷款	dài kuǎn	（动）	（19）
戴	dài	（动）	（8）
当地	dāngdì	（名）	（17）
刀子	dāozi	（名）	（18）
导盲犬	dǎomángquǎn	（名）	（14）
道理	dàoli	（名）	（16）
底下	dǐxia	（名）	（15）
递	dì	（动）	（11）
电梯	diàntī	（名）	（9）
动物园	dòngwùyuán	（名）	（10）
抖	dǒu	（动）	（9）
独生子女	dúshēng zǐnǚ		（16）
短信	duǎnxìn	（名）	（17）

E

恶化	èhuà	（动）	（20）
二手房	èrshǒufáng	（名）	（19）

F

房	fáng	（名）	（16）
放假	fàng jià	（动）	（5）
分别	fēnbié	（动）	（10）
分明	fēnmíng	（形）	（15）

分手	fēnshǒu	（动）	（11）
风向	fēngxiàng	（名）	（15）
辅导	fǔdǎo	（动）	（13）
负责	fùzé	（动）	（20）

G

干	gān	（形）	（9）
干燥	gānzào	（形）	（15）
赶快	gǎnkuài	（副）	（19）
高速	gāosù	（形）	（19）
高中	gāozhōng	（名）	（13）
搞	gǎo	（动）	（16）
歌唱家	gēchàngjiā	（名）	（7）
隔壁	gébì	（名）	（11）
个体户	gètǐhù	（名）	（19）
个子	gèzi	（名）	（17）
工地	gōngdì	（名）	（14）
工具	gōngjù	（名）	（7）
工艺品	gōngyìpǐn	（名）	（17）
工资	gōngzī	（名）	（20）
公共	gōnggòng	（形）	（10）
孤独	gūdú	（形）	（16）
怪	guài	（动）	（4）
观众	guānzhòng	（名）	（10）
锅	guō	（名）	（9）

H

寒假	hánjià	（名）	（5）
好处	hǎochu	（名）	（10）
胡子	húzi	（名）	（17）
互联网	hùliánwǎng	（名）	（18）
互相	hùxiāng	（副）	（16）
华人	huárén	（名）	（9）
谎言	huǎngyán	（名）	（20）
会议	huìyì	（名）	（4）

及时	jíshí	（副）	（18）
计划	jìhuà	（名）	（12）
记忆力	jìyìlì	（名）	（16）
记者	jìzhě	（名）	（4）
系	jì	（动）	（17）
寂寞	jìmò	（形）	（16）
加油	jiāyóu	（动）	（18）
家访	jiāfǎng	（动）	（12）
剪	jiǎn	（动）	（14）
简单	jiǎndān	（形）	（4）
降水量	jiàngshuǐliàng	（名）	（15）
降温	jiàngwēn	（动）	（15）
郊区	jiāoqū	（名）	（1）
教育	jiàoyù	（名）	（16）
教育家	jiàoyùjiā	（名）	（20）
接近	jiējìn	（动）	（15）
戒	jiè	（动）	（10）
井	jǐng	（名）	（9）
韭菜	jiǔcài	（名）	（19）
酒吧	jiǔbā	（名）	（1）
酒馆	jiǔguǎn(r)	（名）	（1）
救	jiù	（动）	（9）
拒绝	jùjué	（动）	（12）
据说	jùshuō	（动）	（18）
决定	juédìng	（动）	（16）

卡拉OK	kǎlā OK	（名）	（1）
考虑	kǎolǜ	（动）	（19）
客流量	kèliúliàng	（名）	（18）
肯定	kěndìng	（副）	（9）
空气	kōngqì	（名）	（1）
口袋	kǒudai	（名）	（14）

口琴	kǒuqín	（名）	（10）
口头	kǒutóu	（名）	（16）
夸	kuā	（动）	（16）
快乐	kuàilè	（形）	（10）
筷子	kuàizi	（名）	（6）

老虎	lǎohǔ	（名）	（10）
冷藏	lěngcáng	（动）	（15）
愣	lèng	（动）	（19）
利息	lìxī	（名）	（19）
联网	lián wǎng	（动）	（18）
凉	liáng	（形）	（15）
两居室	liǎngjūshì	（名）	（19）
亮	liàng	（形）	（2）
邻居	línjū	（名）	（7）
铃	líng	（名）	（17）
领带	lǐngdài	（名）	（17）
龙虾	lóngxiā	（名）	（9）
落	luò	（动）	（9）

麻婆豆腐	mápó dòufu		（16）
马虎	mǎhu	（形）	（14）
埋	mái	（动）	（9）
毛巾	máojīn	（名）	（18）
毛驴	máolú	（名）	（9）
没劲儿	méi jìnr		（18）
魅力	mèilì	（名）	（17）
门	mén	（量）	（13）
面	miàn	（名）	（6）
面积	miànjī	（名）	（10）
名	míng	（名）	（11）
名片	míngpiàn	（名）	（9）

N			
奶奶	nǎinai	（名）	（16）
耐心	nàixīn	（形）	（16）
南方	nánfāng	（名）	（5）
女生	nǚshēng	（名）	（11）
P			
排	pái	（名）	（15）
泡	pào	（动）	（17）
培养	péiyǎng	（动）	（13）
烹调	pēngtiáo	（动）	（16）
屁股	pìgu	（名）	（14）
骗	piàn	（动）	（11）
拼音	pīnyīn	（名）	（14）
平常	píngcháng	（形）	（17）
平均	píngjūn	（动）	（13）
平时	píngshí	（名）	（3）
瓶盖	pínggài (r)	（名）	（20）
Q			
期间	qījiān	（名）	（12）
期末	qīmò	（名）	（11）
期中	qīzhōng	（名）	（11）
气功	qìgōng	（名）	（17）
情人	qíngrén	（名）	（17）
晴朗	qínglǎng	（形）	（15）
请假	qǐng jià	（动）	（17）
去世	qùshì	（动）	（10）
圈	quān	（名）	（18）
劝	quàn	（动）	（12）
R			
热	rè	（动）	（8）
人物	rénwù	（名）	（12）
入侵	rùqīn	（动）	（15）

S			
洒	sǎ	（动）	（8）
三星级酒店	sānxīngjí jiǔdiàn		（11）
沙发	shāfā	（名）	（14）
沙漠	shāmò	（名）	（12）
晒	shài	（动）	（15）
山区	shānqū	（名）	（15）
伤心	shāngxīn	（形）	（16）
商标	shāngbiāo	（名）	（17）
上街	shàng jiē	（动）	（19）
上衣	shàngyī	（名）	（14）
身份证	shēnfènzhèng	（名）	（4）
身上	shēn shang		（4）
失望	shīwàng	（形）	（20）
时尚	shíshàng	（形）	（5）
食品	shípǐn	（名）	（16）
收入	shōurù	（名）	（18）
手机	shǒujī	（名）	（17）
手指	shǒuzhǐ	（名）	（18）
受不了	shòubuliǎo	（动）	（19）
书柜	shūguì	（名）	（15）
书架	shūjià	（名）	（12）
叔	shū	（名）	（14）
输入	shūrù	（动）	（14）
熟练	shúliàn	（形）	（14）
刷卡	shuā kǎ	（动）	（19）
顺便	shùnbiàn	（副）	（20）
死	sǐ	（动）	（16）
素质	sùzhì	（名）	（19）
算是	suànshì	（副）	（6）
锁	suǒ	（名）	（14）
T			
台阶	táijiē	（名）	（9）

太阳	tàiyáng	（名）	（15）
讨厌	tǎoyàn	（形）	（7）
天生	tiānshēng	（形）	（18）
条子	tiáozi	（名）	（11）
厅	tīng	（名）	（1）
同事	tóngshì	（名）	（4）
同桌	tóngzhuō	（名）	（17）
突然	tūrán	（副）	（7）
土	tǔ	（名）	（9）
推销员	tuīxiāoyuán	（名）	（12）
退休	tuìxiū	（动）	（16）

W

蛙泳	wāyǒng	（名）	（18）
完全	wánquán	（形）	（14）
网吧	wǎngbā	（名）	（17）
温差	wēnchā	（名）	（15）
温柔	wēnróu	（形）	（17）

X

西餐	xīcān	（名）	（17）
下工夫	xià gōngfu		（10）
限速	xiànsù	（名）	（19）
乡下	xiāngxià	（名）	（17）
响	xiǎng	（动）	（17）
小说	xiǎoshuō	（名）	（12）
小学	xiǎoxué	（名）	（13）
小镇	xiǎozhèn	（名）	（12）
校园	xiàoyuán	（名）	（10）
新娘	xīnniáng	（名）	（12）
信心	xìnxīn	（名）	（18）
兴趣	xìngqù	（名）	（16）
性格	xìnggé	（名）	（15）
选择	xuǎnzé	（动）	（10）
学术	xuéshù	（名）	（4）

迅速	xùnsù	（形）	（15）

Y

延伸	yánshēn	（动）	（18）
严格	yángé	（形）	（16）
沿线	yánxiàn	（名）	（18）
眼前	yǎnqián	（名）	（10）
阳光	yángguāng	（名）	（15）
邀请	yāoqǐng	（动）	（16）
钥匙	yàoshi	（名）	（4）
爷爷	yéye	（名）	（16）
液体	yètǐ	（名）	（13）
一直	yìzhí	（副）	（18）
饮料	yǐnliào	（名）	（15）
饮食	yǐnshí	（名）	（20）
印象	yìnxiàng	（名）	（4）
营养	yíngyǎng	（名）	（16）
油腻	yóunì	（形）	（16）
游泳池	yóuyǒngchí	（名）	（18）
游泳镜	yóuyǒngjìng	（名）	（18）
游泳裤	yóuyǒngkù	（名）	（18）
有意者	yǒuyì zhě		（11）
幼儿园	yòu'éryuán	（名）	（13）
鱼香肉丝	yúxiāng ròusī		（16）
预订	yùdìng	（动）	（17）
运动	yùndòng	（名）	（18）
运气	yùnqi	（名）	（17）

Z

增加	zēngjiā	（动）	（16）
招手	zhāo shǒu	（动）	（19）
者	zhě	（助）	（17）
枕头	zhěntou	（名）	（20）
值得	zhídé	（动）	（20）
指	zhǐ	（动）	（6）

指甲	zhǐjia	（名）	（14）	自由	zìyóu	（形）	（10）
中学	zhōngxué	（名）	（13）	自由	zìyóu	（名）	（16）
终于	zhōngyú	（副）	（18）	自由泳	zìyóuyǒng	（名）	（18）
重视	zhòngshì	（动）	（20）	字形	zìxíng	（名）	（14）
重要	zhòngyào	（形）	（11）	阻力	zǔlì	（名）	（18）
主动	zhǔdòng	（形）	（19）	祖先	zǔxiān	（名）	（9）
抓	zhuā	（动）	（18）	尊重	zūnzhòng	（动）	（16）
桌子	zhuōzi	（名）	（14）	作家	zuòjiā	（名）	（10）
仔细	zǐxì	（形）	（18）	座套	zuòtào	（名）	（19）
子女	zǐnǚ	（名）	（16）				

专有名词

东非	Dōngfēi	（9）	西非	Xīfēi	（9）
杭州	Hángzhōu	（10）	小玲	Xiǎo Líng	（11）
好莱坞	Hǎoláiwù	（17）	小婉	Xiǎo Wǎn	（11）
河北省	Héběi Shěng	（10）	新华书店	Xīnhuá Shūdiàn	（12）
吉布提	Jíbùtí	（9）	阳朔	Yángshuò	（17）
几内亚	Jǐnèiyà	（9）	雨果	Yǔguǒ	（12）
喀麦隆	Kāmàilóng	（9）	中非	Zhōngfēi	（9）
孔子	Kǒngzǐ	（20）			